Jul Christophory

# MIR SCHWÄTZE LËTZEBUERGESCH

*Nous parlons luxembourgeois*

Abécédaire luxembourgeois
Guide bilingue de Grammaire et de Lecture

*We speak Luxembourgish*

Luxembourgish Primer
Bilingual Guide to Grammar and Reading

Illustrations:
Marcel Weyland

PAUL éditions BAULER

© Éditions Paul Bauler s.à r.l. Luxembourg – 2008

**Diffusion: Librairie um Fieldgen s.à r.l.**
3, rue Glesener
L-1631 Luxembourg
Tél: (352) 48 88 93
Fax: (352) 40 46 22
Email: libuf@pt.lu
www.libuf.lu

**Imprimé par Imprimerie Centrale s.a., Luxembourg**

**Avec le concours du Fonds Culturel National
soutenu par la Loterie Nationale**

3e édition revue et augmentée

Tous droits réservés

**ISBN: 2-919885-53-7**

Mir schwätze letzebuergesch

| SOMMAIRE | CONTENTS | |
|---|---|---|

## PART I
## INFORMATION

| | | | |
|---|---|---|---|
| | Préface | Preface | 11 |
| 1) | Précis historique | Brief Historical Survey | 16 |
| 2) | Le luxembourgeois: Sa position entre l'allemand et le français | Luxembourgish: Its position beside German and French | 20 |
| 3) | Langue parlée ou écrite? | Spoken language or written language? | 24 |
| 4) | Comment définir le luxembourgeois de façon scientifique | What scholars think about Luxembourgish | 28 |
| 5) | Premiers documents du luxembourgeois | First documents in Luxembourgish | 32 |
| 6) | Portrait-Robot du Luxembourgeois | Rough character-sketch of the Luxembourger | 34 |
| 7) | Les Dictionnaires luxembourgeois | The Luxembourgish Dictionaries | 36 |
| 8) | Notes préliminaires sur la nature et la forme des mots | Preliminary notes concerning the nature and form of words | 38 |
| 9) | Les mots d'emprunt: Quelques tendances | Loan words: Some trends | 40 |

## PART II

**GRAMMAIRE** — **GRAMMAR**

**A. Les Noms** — **A. Nouns**

| | | | |
|---|---|---|---|
| 1) | Formation des cas | Formation of cases | 47 |
| 2) | Genre du nom | Gender of the noun | 48 |
| 3) | Les articles définis et indéfinis | Definite and indefinite articles | 48 |
| 4) | Formation du pluriel | Formation of the plural | 51 |
| 5) | Formation des diminutifs | Formation of diminutives | 57 |
| 6) | Pluriel des diminutifs | Plural of diminutives | 57 |

**B. Les Pronoms** — **B. Pronouns**

| | | | |
|---|---|---|---|
| 1) | Pronoms personnels | Personal pronouns | 58 |
| 2) | Pronoms réfléchis | Reflexive pronouns | 59 |
| 3) | Adjectifs et pronoms possessifs | Possessive adjectives and pronouns | 60 |
| 4) | Pronoms démonstratifs | Demonstrative pronouns | 62 |
| 5) | Pronoms interrogatifs | Interrogative pronouns | 64 |
| 6) | Pronoms indéfinis | Indefinite pronouns | 67 |
| 7) | Nombres | Numbers | 69 |

**C. Les Adjectifs** — **C. Adjectives**

| | | | |
|---|---|---|---|
| 1) | Adjectifs épithètes | Attributive adjectives | 71 |
| 2) | Adjectifs attributifs | Predicative adjectives | 72 |
| 3) | Adjectifs employés comme substantifs | Adjectives used as nouns | 72 |

**D. Les Verbes** — **D. Verbs**

| | | | |
|---|---|---|---|
| 1) | Généralités | General Features | 76 |
| 2) | Verbes auxiliaires | Auxiliary verbs | 76 |
| 3) | Présent de l'indicatif | Present tense of indicative | 81 |

| | | |
|---|---|---|
| 4) Présent du subjonctif .................. | 4) Present of the subjunctive .................. | 84 |
| 5) Participe présent .................. | 5) Present participle .................. | 84 |
| 6) Passé: a) verbes forts .................. | 6) Past tense: a) strong verbs .................. | 85 |
| b) verbes faibles .................. | b) weak verbs .................. | 85 |
| 7) L'impératif .................. | 7) The imperative .................. | 88 |
| 8) Temps composés .................. | 8) Compound tenses .................. | 89 |
| 9) Participe passé .................. | 9) Past participle .................. | 89 |
| 10) Les verbes les plus employés .................. | 10) Most widely used verbs .................. | 91 |
| **E. Les Degrés de Comparaison** .................. | **E. Degrees of Comparison** .................. | 99 |
| **F. Les Propositions subordonnées** | **F. Clauses of Subordination** | |
| 1) Différentes sortes .................. | 1) Different types .................. | 102 |
| 2) Conjonctions .................. | 2) Conjunctions .................. | 102 |
| **G. Le Style indirect** .................. | **G. Reported Speech** .................. | 108 |
| **H. Prépositions** | **H. Prepositions** | |
| Tableau des principales prépositions .................. | Table of main locative prepositions .................. | 113 |
| **I. Construction de la phrase** .................. | **I. Sentence structure** .................. | 118 |

## PART III

| LITTÉRATURE | LITERATURE | |
|---|---|---|
| 1) Notes préliminaires .................. | 1) Preliminary remarks .................. | 132 |
| 2) La littérature d'expression française .................. | 2) Literature in French .................. | 132 |
| 3) La littérature d'expression allemande .................. | 3) Literature in German .................. | 133 |
| 4) La littérature luxembourgeoise .................. | 4) Literature in Luxembourgish .................. | 134 |
| 5) Textes: | 5) Texts: | |
|     1) Ausonius: Mosella .................. | | 140 |
|     2) De Renert .................. | | 145 |
|     3) Ons Hemecht .................. | | 148 |
|     4) De Feierwon .................. | | 150 |
|     5) Den Hämmelsmarsch .................. | | 154 |
|     6) Le'wer Herrgottsblieschen .................. | | 156 |
|     7) D'Lëtzeburger Land .................. | | 158 |
|     8) Hemwe', An Amerika .................. | | 160, 163 |
|     9) D'Pierle vum Dâ .................. | | 166 |
|     10) Muttergottesliddchen .................. | | 168 |
|     11) Bim bam biren .................. | | 169 |
|     12) An der gro'sser hélger Nuecht .................. | | 170 |
|     13) Den Hèxemêschter .................. | | 172 |
|     14) Den Taucher .................. | | 175 |
|     15) Mëttesstonn .................. | | 178 |
|     16) Si kommen a si gin .................. | | 180 |
|     17) Lukas Evangelium .................. | | 182 |
| Bibliographie .................. | Books of Reference .................. | 184 |

# ABRÉVIATIONS/ABBREVIATIONS

| | |
|---|---|
| L. ou Lux. | luxembourgeois, Luxembourgish |
| Lat. | latin, Latin |
| F. | français, French |
| E. | anglais, English |
| G. | allemand, German |
| NHG | allemand moderne, New High German |
| *litt./lit.* | littéralement, literally |
| Ex. | exemple, example |
| m. | masculin, masculine |
| f. | féminin, féminine |
| n. | neutre, neuter |
| nom. | nominatif, nominative |
| gén. | génitif, genitive |
| dat. | datif, dative |
| acc. | accusatif, accusative |
| sg. | singulier, singular |
| pl. | pluriel, plural |

# PRÉFACE

*Il y a plus de trente ans, en 1973, parurent deux livres sur le marché luxembourgeois à l'adresse des étrangers vivant au Luxembourg et s'intéressant de près ou de loin à la langue du pays. Ils provoquaient un vague haussement d'épaule auprès des indigènes, mais la curiosité certaine de plusieurs centaines de résidents étrangers sur notre territoire. Il faut savoir qu'à cette époque le luxembourgeois ne pouvait pas encore se draper de son statut de langue nationale – qui ne lui fut conféré que par la loi du 24 février 1984 – et qu'il était donc encore légitime de le qualifier de dialecte allemand ou germanique comme je le fis dans ma préface d'antan.*

*Le manuscrit d'alors se basait sur des cours donnés depuis 1968/69 pour différents cercles étrangers, surtout des groupes de traducteurs des Communautés européennes. Comme livres de référence pour l'enseignement systématique du luxembourgeois il n'existait alors que le* Précis de grammaire *de Robert Bruch paru en 1955, un tapuscrit de Henri Muller intitulé* Lezebuergesch wéi ech et schwetzen *de 1965 et, par certains aspects,* Das Luxemburgische im Unterricht, *publié par Fernand Hoffmann dans le Courrier de l'Éducation nationale (1969).*

*Au début des années soixante-dix deux ouvrages de vulgarisation appelés* Sot et op lëtzebuergesch *et* Mir schwätze lëtzebuergesch *creusèrent donc de nouveaux sillons dans une terre inexplorée, à un moment où l'Actioun Lëtzebuergesch était encore à ses premiers balbutiements et tentait de fonder une asbl pour organiser l'enseignement du luxembourgeois à une plus large échelle, notamment au niveau communal. Ces deux pionniers n'avaient d'autre but que de rapprocher les étrangers de leur pays d'adoption et de faciliter ainsi leur intégration au Luxembourg.*

*Rappelons aussi que ces deux ouvrages connurent au cours de cette décennie une demi-douzaine d'éditions différentes et se sont donc répandus à des milliers d'exemplaires dans la grande région et même en Amérique du Nord, rejoignant ainsi les émigrés du 19ᵉ siècle dans la région de Chicago en tant que messagers de la vitalité renaissante de la langue luxembourgeoise…*

*Ces trente dernières années la situation a bien sûr changé. Des milliers de résidents étrangers peuvent bénéficier d'une offre didactique écrite et audiovisuelle autrement plus diversifiée, rédigée par des équipes de professeurs bénéficiant de généreuses décharges. Et pourtant nous avons constaté que certains chargés de cours s'obstinent à remettre sur le photocopieur telle et telle page du* Qui a peur du luxembourgeois?, *le successeur de* Sot et op lëtzebuergesch *ou du* Mir schwätze lëtzebuergesch *pour enrichir ou égayer leur cours. Voilà pourquoi il nous paraît utile et intéressant de publier une réimpression de ces pages à un moment où la situation démographique de la ville de Luxembourg et des villages de la banlieue a sensiblement basculé en faveur des étrangers, où des centaines de cours sont organisés à travers le pays, où le Centre de Langues n'arrive plus à assouvir la soif des candidats à l'apprentissage du luxembourgeois faute d'enseignants qualifiés de telle sorte qu'on s'attelle enfin, avec quelque retard, à la tâche de former des formateurs. D'autre part n'oublions pas que ce dernier quart de siècle la littérature en langue luxembourgeoise a connu un essor incroyable surtout dans le domaine des romans, des livres d'enfant et des traductions de textes littéraires étrangers. Le nombre de petits dictionnaires de poche mettant le luxembourgeois à toutes les sauces étrangères dépasse déjà la douzaine, le spell-checker (pardon, le correcteur d'orthographe) CORTINA pointe du nez et le nombre des navetteurs frontaliers est passé d'environ 20.000 en 1970 à 110.000 en 2003…*

*Voilà donc que ces deux reprints atterrissent dans de nouveaux paysages. Souhaitons leur de fructueux contacts avec un nouveau public de la deuxième génération, parmi laquelle peut-être les enfants de la « congrégation linguistique » mentionnée dans ma préface de 1979.*

*Jul Christophory*

*PS. Je voudrais aussi exprimer ici mes plus vifs remerciements à M$^{me}$ Josette Dolar et ses collègues à l'Imprimerie Centrale pour leur diligence et leur engagement, mais surtout pour leur patience et détermination de mettre mon texte de 1973 au diapason de la réforme orthographique de 1999.*

# PREFACE

*More than 30 years ago, in 1973, two books appeared on the market addressing the foreign residents in Luxembourg interested in the language of the country.*

*The natives just shrugged their shoulders, but some hundreds of foreigners living in our country welcomed them with a gentle curiosity ... We must recall here that at that time Luxembourgish could not yet drape itself in its statute of a national language, as it was only the law of 24 February 1984 which gave it this status. So I could, in 1971, still legitimately refer to it as a Germanic or German dialect, as I did several times in my first preface.*

*My first manuscript was based on classes given since 1969 to different circles of foreigners, above all to translators and interpreters of the European Communities.*

*At the time there existed only few reference books to go by, namely Robert Bruch's* Précis de Grammaire *(first published in 1955), Henri Muller's tapuscript* Lezebuergesch wéi ech et schwetzen *(1965) and certain chapters of* Das Luxemburgische im Unterricht *by Fernand Hoffmann (Courrier de l'Éducation nationale 1969).*

*Thus two books of vulgarisation called* Sot et op lëtzebuergesch *and* Mir schwätze lëtzebuergesch *covered new ground in the early sixties in a vast unexplored territory at a moment when the Actioun Lëtzebuergesch made its first faltering attempts to found a non-profit organization in order to set up the teaching of Luxembourgish on a larger scale, above all at the communal level.*

*These two linguistic pioneers had no other aim but to bring the foreign residents of Luxembourg closer to their adoptive country and thus to facilitate their integration into Luxembourg society. Contrary to the initial predictions of some sceptical commentators the two books saw about half a dozen of different editions throughout the decade and spread in thousands of copies across the Grand Duchy, the larger region and even North America, thus catching up with the 19$^{th}$ century immigrants to the region of Chicago as heralds of a revitalized Luxembourg language.*

*Over the last 30 years things have certainly changed. Thousands of willing learners can benefit from a diversified written didactic offer elaborated by teams of teachers encouraged by generous reductions from their standard high school teaching load. And yet we have been told that certain instructors keep photocopying a page or other from* Who's afraid of Luxembourgish?, *the successor of* Say it in Luxembourgish *or from* We speak Luxembourgish *in order to enrich or enliven their lesson.*

*That is the reason why we deemed it useful and interesting to reprint those pages at the moment when the demographic situation of Luxembourg City and some neighbouring communes has swung in favour of the foreigners, when hundreds of classes are organized across the country, when the Centre des Langues can no longer satisfy the hunger of all its willing learners for lack of qualified teachers and when they only now set out to remedy this gap by training the trainers ...*

*We must also recall that over all these last decades Luxembourg literature has known an amazing development, mainly in the domain of the novel, childrens books and translations of famous foreign literary texts. The number of pocket dictionaries bringing Luxembourgish within*

*the reach of a considerable number of foreign readers exceeds by now the dozen and on the computer screen the spell checker CORTINA offers its first hesitant services and announces a bright future ...*

*So our two reprints are landing in a completely new context.*

*Yet we hope they can explore new tracks and find an interested public of the second generation, be it the children, nieces and nephews of the "linguistic congregation" I mentioned in my 1979 preface ...?*

*Jul Christophory*

*PS. Let me also express here my warm and sincere thanks to Mrs. Josette Dolar and her colleagues from the Imprimerie Centrale for their assiduous care and commitment, but above all for their patience and determination to tune in my original text with the 1999 reform standards of Luxembourgish spelling.*

Iʳᵉ PARTIE

# INFORMATION GÉNÉRALE

PART I

# GENERAL INFORMATION

# PRÉCIS HISTORIQUE

Dès avant l'ère chrétienne, il y a eu des incursions barbares dans notre terre ligure ou celtique.

Lorsque Rome paraît, nous faisons partie du pays des Trévires en voie de germanisation. Pendant deux siècles Rome latinise et civilise nos régions.

Puis les invasions reprennent, surtout les infiltrations alémaniques. Finalement ce sont les branches des Francs Ripuaires (Rheinfranken) et des Francs Maritimes (Nordseefranken oder Sälische Franken) qui s'établissent dans la vallée mosellane et nous apportent leur civilisation. Il y a donc dans ces premiers siècles de l'ère chrétienne trois couches linguistiques qui se superposent:

- latine (Romains)
- celtique (Trévires)
- germanique (envahisseurs)

En 560, sous les Mérovingiens, notre pays fait partie du royaume d'Austrasie. Lors du partage de l'empire de Charlemagne, le futur Luxembourg suivra les destinées de la Lotharingie.

Le duel des langues s'accuse en 843 lorsque le traité de Verdun – confirmé par celui de Mersen en 870 – nous situe à l'intersection de la Francie de l'Est (Ostfränkisches Reich) et de la Francie de l'Ouest (Westfränkisches Reich).

En 959 Othon Ier et son frère Bruno partagent l'ancien royaume de Lothaire en Lorraine et Lothier (Ober- und Niederlotharingen).

La ligne de partage traverse le Luxembourg actuel en suivant de l'est à l'ouest le cours de la Sûre et de l'Our. Donc le Luxembourg s'est formé au point d'intersection des lignes frontières les plus névralgiques du continent: celle de la frontière linguistique du traité de Mersen et celle née de la scission lotharingienne.

L'histoire politique du Luxembourg remonte à l'année 963 quand Sigefroi, comte des Ardennes, construit son castellum Lucilinburhuc sur le «Bock», le puissant roc sur le territoire de la capitale actuelle.

Le bilinguisme restera ancré dans la maison de Luxembourg, même lorsque vers l'an 1300 les princes luxembourgeois sont assez riches pour briguer la couronne du Saint-Empire. C'est sous Jean l'Aveugle que le pays va être organisé administrativement en un «quartier wallon et un quartier allemand». Il s'agit là d'une reconnaissance officielle du bilinguisme. Les comtes de la maison de Luxembourg donneront à ce bilinguisme ses caractères particuliers, notamment Charles IV et son frère Wenceslas Ier. En effet les quatre empereurs de la maison de Luxembourg parlent couramment et de préférence le français, et mettent toujours l'accent sur le caractère supranational de l'immense Confédération d'États germaniques, latins et slaves.

Vient ensuite une longue période troublée, celle de l'occupation étrangère de notre pays, tant par la Bourgogne que par l'Espagne, l'Autriche et la France. En effet, la forteresse de Luxembourg, le Gibraltar du Nord, fut assiégé et détruit plus de 20 fois en quatre siècles.

Du point de vue linguistique il faut savoir que le duché de Luxembourg occupait à travers le Moyen-Âge – et ceci jusqu'en 1839 – un territoire plus vaste que celui de l'actuel Grand-Duché de Luxembourg. Il s'étendait en effet de Malmédy au Nord jusqu'à Metz au Sud, de la Sarre à l'Est jusqu'aux rives de la Meuse et à Sedan à l'ouest. Des villes comme Marche, Neufchâteau, Carignan, Thionville, Bitbourg et Saint-Vith faisaient partie du Luxembourg, et jusqu'à ce jour on découvre des traces du dialecte luxembourgeois dans le parler quotidien de la vieille génération de ces villes frontalières.

Trois démembrements territoriaux ont réduit le Luxembourg à sa superficie actuelle de 2.587 km$^2$:

1) la partie sud du territoire fut cédée à la France en 1659 par le Traité des Pyrénées,

# BRIEF HISTORICAL SURVEY

Before the Christian era already there were barbarian incursions into our Celtic or Liguran lands.

Under the Romans, our country was part of the land of the Treveri, who were slowly germanized. For two centuries Rome latinized and civilized our lands.

With the increasing Germanic, and more specially alemanic infiltrations into our countries, the Ripuarian and Maritime Franks finally settled in the Moselle Valley and brought us their civilization. So in all these centuries we get the superposition of 3 linguistic strata:

– Latin (Romans)
– Celtic (Treviri)
– Germanic (invaders)

In 560 under the Merovingians, our land formed part of Austrasia. At the division of Charlemagne's empire, the future Luxembourg shared the destiny of Lotharingia.

The rivalry of 2 different languages clearly appeared in 843 when the Treaty of Verdun – confirmed by that of Mersen in 870 – situated us at the line of intersection between East Franconia (Ostfränkisches Reich) which gave birth to the future Germany, and West Franconia (Westfränkisches Reich) the future France.

In 959 Othon I and his brother Bruno divided the old kingdom of Lothar into two parts. The dividing line once again crossed the present territory of Luxembourg. To sum up Luxembourg originated at neuralgic border-lines and these were to be the terms of its historical destiny.

Its political history goes back to the year 963 when Sigefroy, count of the Ardennes, built his small castle Lucilinburhuc on the « Bock », a mighty rock on the territory of our present capital of Luxembourg.

The Luxembourg dynasty was heading for a glorious future. At the end of the Middle Ages it gave 4 emperors to Germany, 4 kings to Bohemia and one king to Hungary. The names of Henry VII, John the Blind, a Luxembourg national hero, Wenceslas, Charles IV, Sigismund recall this great period ending in the 15$^{th}$ century.

From the linguistic point of view it is interesting to know that the Duchy of Luxembourg at the time extended from the gates of Malmedy in the north to the suburbs of Metz in the south, from the Saar in the east to the banks of the Meuse and to Sedan in the west. The cities of Marche, Neufchâteau, Carignan, Thionville, Bitbourg and Saint-Vith were part of Luxembourg. Many traces of the Luxembourg dialect are still to be heard in the daily speech of the older inhabitants of these frontier regions.

Three territorial partitions gave Luxembourg its present size of 999 square miles:

1) The southern part of the country was ceded to France by the Treaty of the Pyrenees in 1659.

2) In 1815, in exchange for the recognition of the political independence of Luxembourg, the Congress of Vienna gave Germany all that part of the Duchy which lay east of the Moselle, Sûre and Our rivers. It was raised to the rank of a Grand Duchy and given as a personal property to the Dutch King. This personal union lasted until 1890. [1]

---

[1] The title born by the new sovereign recalls the days of Napoleon. The emperor used to bestow this title together with special honours and prerogatives attached to royal status on certain of his German protégés. At the Congress of Vienna, Wellington had suggested that William of Orange should be granted the title of Grand Duke. And so Luxembourg acquired new honours without ever asking for them.

2) en 1815 le Congrès de Vienne accorda à l'Allemagne toutes les parties se trouvant à l'est des rivières Moselle, Sûre et Our. En revanche on reconnut l'indépendance politique du Luxembourg et on en fit un Grand-Duché, propriété personnelle du roi de Hollande. Cette union personnelle prit fin en 1890, [1]

3) le Congrès de Londres donna à la Belgique la moitié ouest du Grand-Duché en compensation de la perte du Limbourg.

En 1867 le Traité de Londres – la date la plus mémorable de toute l'histoire du Luxembourg – réaffirma son intégrité territoriale et son autonomie politique et les grandes puissances se portaient garants de sa neutralité permanente et de son indépendance.

En 1890, après la mort du roi Guillaume III, la couronne passa – faute d'un héritier mâle – à la branche aînée de la maison de Nassau. Ainsi le duc Adolphe de Nassau-Weilbourg devint Grand-Duc de Luxembourg et fondateur de la dynastie actuelle.

Le 7 octobre 2000 le Grand-Duc Henri succéda à son père, le Grand-Duc Jean, qui lui, avait pris en novembre 1964 la succession de la Grande-Duchesse Charlotte dont le début de règne remontait jusqu'en 1919.

---

[1] Le titre porté par le nouveau souverain rappelle les jours de Napoléon. L'empereur aimait en effet conférer le titre de grand-duc (avec certaines prérogatives attachées au statut royal) à certains de ses protégés allemands. Au congrès de Vienne, Wellington avait suggéré d'accorder ce titre à Guillaume d'Orange. Ainsi le Luxembourg acquit de nouvels honneurs sans coup férir.

3) The third apportionment took place at the Congress of London in 1839 when Belgium was given the entire western half of the Grand Duchy as a compensation for the loss of parts of Limburg.

In 1867, the Treaty of London, the most memorable date in Luxembourg's national history, reaffirmed its territorial integrity and political autonomy. The great powers guaranteed its permanent neutrality and independence.

In 1890, after the death of King William III – who left no male descendants – the crown of the Grand Duchy passed to the elder branch of the House of Nassau. Thus, Duke Adolphe of Nassau-Weilbourg became Grand Duke of Luxembourg and founder of the present Luxembourg dynasty.

The present Grand Duke Henri of Luxembourg succeeded in October 2000 to his father Grand Duke John who came to the throne in November 1964 after the 45-year-long reign of his mother Grand Duchess Charlotte.

# LE LUXEMBOURGEOIS ENTRE L'ALLEMAND ET LE FRANÇAIS

Le bilinguisme régional existe au moins depuis sept siècles, c'est-à-dire depuis les temps où le pays était subdivisé en quartier wallon et en quartier allemand. Mais le bilinguisme individuel (cela veut dire: chaque habitant ou la grande majorité des habitants parle les deux langues) est une conquête du 19e siècle.

Un arrêté de Guillaume Ier du 4 juin 1830 autorise l'emploi du français et de l'allemand dans les administrations au libre choix des administrés, dispositions confirmées par un arrêté de Guillaume II du 26 février 1841.

La loi sur l'enseignement primaire du 26 juillet 1843 introduisait le français à l'école du peuple alors que le Grand-Duché, politiquement et économiquement lié à l'Allemagne, faisait partie de la Confédération germanique et du « Zollverein » et que sa capitale avait une garnison prussienne. C'est au fond cette loi qui est à l'origine du bilinguisme luxembourgeois tel que nous le connaissons aujourd'hui.

Le bilinguisme est donc uniquement une affaire d'éducation, de culture. Il répond aussi à une nécessité vitale, car nul Luxembourgeois ne peut en effet renoncer au français et à l'allemand.

Les désavantages de cette situation: un long et difficile apprentissage de mots au lieu de choses et d'idées, un lent processus de maturation psychologique et linguistique, une assimilation souvent insuffisante d'un contexte culturel global, une certaine insécurité dans le maniement de la langue qui entraîne une faible productivité intellectuelle et certaines inhibitions ou lenteurs de caractère et de comportement.

Les avantages du bilinguisme l'emportent cependant, à mes yeux: la confrontation permanente de deux cultures qui assure une connaissance relativement étendue de la grammaire et de la littérature comparées; une position privilégiée d'observation et de comparaison, d'où un gain d'objectivité et de tolérance, un sens critique aigu voire souvent un scepticisme nuancé.

Bénéficiaires de deux cultures à travers les moyens de communication, les spectacles et expositions, les intellectuels, étudiants et artistes fréquentent les universités et centres de formation européens les plus divers. Il en résulte un brassage d'idées et une continuelle confrontation d'expériences qui écartent et neutralisent les incidences dangereuses d'un provincialisme étriqué.

Un calendrier culturel polyvalent et bien équilibré offre une gamme très variée de spectacles, conférences et expositions en français, en allemand, en anglais et parfois en italien et en néerlandais.

Le lecteur moyen cependant trouve l'allemand plus facile à lire que le luxembourgeois, mais il ne le parle jamais en public, sauf pour s'adresser ou pour répondre à un Allemand.

À l'école primaire et même dans les classes inférieures des lycées l'allemand est généralement la langue véhiculaire dans les branches scientifiques. Le français le remplace graduellement dans les classes moyennes et supérieures. En règle générale le luxembourgeois n'est pas employé comme langue véhiculaire, mais uniquement dans la conversation courante.

Les journaux – dont la majeure partie des articles est rédigée en allemand – publient cependant beaucoup d'articles en français et, occasionnellement en luxembourgeois.

Depuis l'automne 2001 toutefois deux quotidiens entièrement rédigés en français ont vu le jour: La Voix (Groupe St Paul) et Le Quotidien (Editpress).

En général l'église se sert plutôt de l'allemand [1] tandis que les tribunaux accordent la priorité au français comme langue courante. Les délibérations de la Chambre des Députés se font pour la majeure partie en luxembourgeois, mais les rapports officiels sont rédigés soit en français soit en allemand. La publication des

---

[1] Il faut dire que ces dernières années le dialecte y a gagné beaucoup de terrain, surtout pour les sermons et les communications.

# LUXEMBOURGISH AND ITS ROLE BESIDE GERMAN AND FRENCH

In Luxembourg the foreigner notices a curious juxtaposition or better, a superposition of three different idioms. All these tongues respond to a necessity and a certain scale of values. Luxembourg has known regional bilingualism for seven centuries at least i.e. since the period when our country was divided into a Wallonian and a German district. But individual bilingualism (i.e. every inhabitant – or at least the great majority – speaks either language) is only a conquest of the 19$^{th}$ century.

A decree by William I from June 4, 1830, allows the parallel usage of French and German in the Civil Service, according to the preference of the citizens, stipulations confirmed by a decree of William II from February 26, 1841.

The law on elementary education from July 26, 1843, introduced French into primary school at a time when Luxembourg, economically and politically linked to Germany, was part of the Germanic Confederation and the "Zollverein" (Customs Union) and had a Prussian garrison within its city walls. It is really this law which laid the foundation of our bilingual situation such as we know it today.

But is Luxembourg really a bilingual or trilingual country? In everyday life, inside the family and at every level of society, a single tongue is used, mostly for oral communication: Luxembourgish! This dialect of German origin, which will be the subject of this present book, was never able to become the language of a special culture and couldn't replace in written communication the use of German or French. The written German language enjoys the popular support because it is easier for uneducated countrymen, whereas the authorities and the intellectual elite rather favour French, according to tradition and cultural affinity. Nobody would ever speak German in public, unless addressing a German guest, and then only reluctantly and with slight embarrassment. In the second year of primary education French is introduced and acquires with the years a greater importance so that it becomes in secondary schools the common language of instruction.

To sum up, by birth the Luxembourger is monolingual and only speaks his dialect; it is only education which makes him bi- or trilingual.

There are certain disadvantages to such a linguistic background which most foreigners are insufficiently aware of. Lacking intellectual roots of his own, the Luxembourger is doomed to a slow and time-consuming study, a difficult grappling with two more or less foreign idioms if he wants to master them as his great neighbours do naturally. It means to him a wrestling with words rather than with creative ideas, it condemns him to a certain sterile passivity, to a late, inhibited, and insufficient maturation of his imagination and feelings, unless he succeeds in assimilating and identifying with a whole global culture which is not his own.

On the other hand the advantages of the unique position of the Luxembourgers in cultural Europe should not be underrated. They are direct beneficiaries of the French and German cultures, whose literary products they read in the original, whose plays and films they watch on television and in the theatre. Their students and artists attend foreign universities in all the great academic centres of Europe and this ensures a continuous mingling and confrontation of ideas and experiences which thwart all the latent and stifling dangers of a narrow provincialism. A well-organized frame-work of cultural agreement offers an amazingly wide range of French, German, English and even Italian exhibitions, lectures and arts performances throughout the year. All this gives the culturally interested Luxembourger a good vantage point of comparison and evaluation, which should allow him a gain in objectivity, tolerant criticism and sound and neutral judgement, rather than induce him into sceptical indifference and sophisticated saturation.

Unluckily we find very little really literary creation in French which is an official language, a bit more in German, but quite a lot in our dialect where the talents of some writers bring alive a concrete and rural language. Only its poverty of abstract and artistic vocabulary prevents it from rising higher than popular theatre, lyric poetry or animal epics. On the other hand the unusual, free and at times, wilful spelling of the Luxembourg dialect often discourages the average reader. He prefers listening to it in the theatre or on the radio rather than reading it.

lois au «Mémorial» se fait uniquement en français. Les administrations se servent parallèlement des deux langues. Selon l'article 24 du décret royal du 3 octobre 1841 les notaires doivent employer la langue choisie par les deux partis.

L'article 29 de la Constitution dit: L'emploi des langues française ou allemande est facultatif et l'usage de l'une ou de l'autre langue ne peut pas être restreint. Lors d'une révision de la Constitution en 1948 ce texte fut changé et dit maintenant: «L'emploi de la langue de l'administration sera réglé par la loi».

**La loi sur les langues**

Cette loi fut seulement promulguée le 24 février 1984 et proclama le luxembourgeois langue nationale des Luxembourgeois dans son article 1er, et langue administrative et judiciaire, à côté du français et de l'allemand, dans son article 3.

German is the currently used language in newspapers, eager to touch the greatest possible number of readers, but cultural articles or private and official announcements are written in French.

Since Autumn 2001, however, two dailies written entirely in French, have appeared on the market: La Voix, published by the Groupe St Paul and Le Quotidien from Editpress.

French is the language of our courts; legal pleas, proceedings and sentences are pronounced, drawn up and printed in French.

In Parliament most of the debates are held in Luxembourgish, but parliamentary documents, draft laws as well as their published texts are in French. But texts destined for wide public circulation are bilingual or in German only.

In church, German is the primary language. Attempts to use French have never proved successful [1].

Administrations very often use German and French in parallel.

In primary schools and in the lower classes of lycées German tends to be the language of instruction in science subjects. Its place is gradually taken over by French in the middle and upper classes. Luxembourgish will normally not be used for teaching purposes, but only for informal conversation.

According to article 24 of the royal decree of October 3, 1841, notaries must use the language chosen by the two parties.

Article 29 of the Luxembourg Constitution says: "The use of the French and German languages is optional. Its use must not be restricted." At a revision in 1948, the text was changed into: "The use of the language in the field of administration and justice will be ruled by law".

**The language law**

This law was passed on February 24, 1984 and declared Luxembourgish to be the national language of the Luxembourgers (art. 1) and, beside German and French, one of three languages for administration and judicial matters (art. 3).

---

[1] But over the last years the use of Luxembourgish has steadily been gaining ground, especially for sermons and announcements.

# LANGUE PARLÉE OU LANGUE ÉCRITE?

> « *Le Luxembourg est l'un des rares pays civilisés sinon l'unique exemple d'un état moderne mêlé à la grande politique européenne, dont le seul langage parlé entre indigènes, à tous les échelons et dans toutes les sphères de la vie privée et publique, soit un vocabulaire campagnard, à la morphologie ébréchée et à la syntaxe capricieuse.* »
>
> (Robert Bruch)

Le seul parler commun de ce pays, c'est son patois (en allemand Mundart ou Platt). « Mundart ist die Sprache einer Landschaft, mitgestaltet aus den historischen und natürlichen Faktoren der Umwelt, getragen von einer natürlichen, unreflektierten Anschauung der Welt durch das Volk und frei von geschaffenen Regeln und Normen » (Mathias Zender).

Le caractère concret, rural et souvent rude du dialecte limite évidemment son emploi littéraire à l'épopée animale, la poésie lyrique, patriotique ou satirique, aux comédies et vers humoristiques. Il ne peut guère assimiler la terminologie abstraite et raffinée de la psychologie et de la philosophie par exemple.

D'autre part l'orthographe fixe et officielle de la langue écrite luxembourgeoise n'est pas encore née et probablement ne le sera jamais. Comme le Luxembourgeois qui écrit peut choisir entre deux langues mondiales officiellement reconnues dans son pays, le besoin d'une orthographe uniforme pour le luxembourgeois n'est guère pressant.

De temps en temps il y a eu des discussions sur l'orthographe sans que les consignes orthographiques proposées par des commissions officielles et des spécialistes aient trouvé l'assentiment général. C'est l'orthographe employée par le dictionnaire luxembourgeois de 1950 qui aujourd'hui fait autorité bien que d'autres variantes soient couramment pratiquées et que la plus grande liberté règne.

Dans l'introduction de son ouvrage « German Dialects » R.E. Keller donne un aperçu succinct sur la question:

Au $19^e$ siècle on a écrit le dialecte surtout à la manière de Dicks (Edmond de la Fontaine) avec ses signes diacritiques dérivés du français, e, é, è, ê. En 1916 R. Engelmann a publié ses « Vorschläge zur Regelung der luxemburgischen Rechtschreibung ». Avec Nicolas Welter, Engelmann tomba d'accord sur une orthographe fondée sur l'orthographe de l'allemand moderne (NHG). Voici ses principales caractéristiques:

a) la voyelle courte est exprimée par le dédoublement de la consonne suivante, cf. a long dans 'Kaz' et a court dans 'Dall';

b) la voyelle longue devant plusieurs consonnes prend un accent circonflexe, cf. Lux. mâchen, NHG machen;

c) les diphtongues ou et éi sont rendues par o' et e'
   cf. gro'ss    NHG groß    F grand        E big, tall
       schwe'er  NHG schwer  F lourd,       E heavy,
                             difficile      difficult

Michel Rodange, l'auteur du poème épique national 'De Renert' 1872 a créé sa propre orthographe basée largement sur l'orthographe NHG [1].

Il est important de noter que l'excellent « Dictionnaire Luxembourgeois » n'a pas adopté la solution radicale de l'orthographe phonétique de 1946 « Lezebuurjer Ortografi », mais a opté pour un compromis suivant les grandes lignes du système Engelmann-Welter.

---

[1] Voir J. Tockert, Jubiläumsausgabe von Rodanges Werken in Luxemburger Mundart, Luxembourg 1927, chapitre sur « Sprache und Rechtschreibung des Renert ». Les règles de Rodange sont réimprimées dans l'édition de 1939 p. 17 ss.

# SPOKEN LANGUAGE OR WRITTEN LANGUAGE?

> Luxembourg is one of the rare civilized countries – if not a unique example of a modern state involved in European politics – the language of which, spoken among natives at all levels and in all the fields of private and public life, is made up of a rural vocabulary, an impaired morphology and a wilful syntax.
>
> (Robert Bruch)

There does not exist a rigorous and official spelling of written Luxembourgish. There probably never will as the urgency for it is not very great. And one of the characteristics of the dialects is the absence of rules and norms:

"A dialect is the language of a landscape, created by the historical and natural factors of the environment, supported by a natural, unreflected outlook on the world by the people and free from artificial rules and norms" (Mathias Zender).

Official committees as well as individual scholars have suggested spelling directions, but they never met with general agreement.

R.E. Keller sums up the situation concisely, when he writes in his Introduction to "German Dialects":

'In Luxembourg, for instance, it is not the excellent phonemic spelling system of the "Lezebuurjer Ortografi" of 1946 which has had some measure of success but the Engelmann-Welter spelling system which follows the NHG orthography. In the nineteenth century the Luxembourg dialect had been spelt mainly in the method of Dicks (Edmund de la Fontaine) with its French-inspired diacritic marks (e, é, è, ê). R. Engelmann published his 'Vorschläge zur Regelung der luxemburgischen Rechtschreibung' in 1916 and subsequently agreed with Nikolaus Welter on an orthography which is based on the NHG spelling system.

Their rules include

a) shortness of vowel is expressed by doubling of the subsequent consonant (therefore NHG Katze: Lux. Kaz but NHG Tal: Lux. Dall);

b) the long vowel before consonantal clusters is indicated by circumflex (cf. Lux. mâchen, NHG machen);

c) the diphthongs (ou) and (ei) are rendered by o' and e' (gro'ss: NHG groß; schwe'er: NHG schwer).

Michel Rodange, the author of Luxembourg's national epic 'De Renert' 1872, created his own orthography, which, in contrast to nineteenth-century practice, was largely based on the NHG orthography [1]. The modern editions since J. Tockert's Jubiläumsausgabe follow the Engelmann-Welter orthography. It is highly significant that the excellent 'Luxemburger Wörterbuch', 1950 ff., did not adopt the radical solution of 1946 but returned to the attitude of compromise, along the lines of Engelmann-Welter with NHG orthography as the basis.'

It is the spelling used by the Luxembourg Dictionary of 1950 which carries most authority today, although some variants are still commonly practiced. This spelling is moulded on the French or German equivalents – provided the particular phonetic laws of Luxembourgish do not require a noticeable differentiation between the administrative languages and the spoken idiom of the natives.

---

[1] See J. Tockert, Jubiläumsausgabe von Rodanges Werken in Luxemburger Mundart, Luxembourg, 1927, chapter on "Sprache und Rechtschreibung des Renert". Rodange's rules are reprinted also in the 1939 edition, p. 17 f.

La graphie des mots du patois est calquée sur celle des parallèles français ou allemands connus, à moins que les lois phonétiques particulières des patois luxembourgeois ne soient la cause de différences notoires entre les langues administratives et le parler usuel des indigènes.

**Orthographe**

Actuellement l'orthographe officielle tient compte des dernières réformes préconisées par le règlement du 30 juillet 1999. Il est vrai que certains changements d'une pratique bien rôdée depuis vingt ans prêtent à controverse et peinent à être adoptés par tous les auteurs. Voilà pourquoi on place de grands espoirs dans Cortina un correcteur orthographique informatisé appliqué à la langue luxembourgeoise.

L'odyssée de l'orthographe luxembourgeoise ne touche donc pas encore à sa fin ...

Les variantes régionales les plus pittoresques et les plus intéressantes sont les idiomes des régions suivantes: Clervaux - Wiltz - Vianden - Diekirch - Echternach - Moselle - Esch/Alzette - Luxembourg-ville et faubourgs - Arlon - Thionville. [1]

Cependant il s'est cristallisé dès le début du vingtième siècle une sorte de parler commun supraregional, le produit d'un lent processus d'assimilation réciproque qui s'opère entre les différents parlers locaux, comme dit Robert Bruch. On pourrait parler également avec Adolf Bach d'une « überlandschaftliche Verkehrssprache ». Mais il n'y a pas de langue littéraire ou officielle qui puisse servir de modèle ou d'étalon.

Depuis quand d'ailleurs les Luxembourgeois s'intéressent-ils vraiment à leur langue?

C'est avec l'indépendance du pays en 1839 (lorsque tous les districts wallons furent cédés à la Belgique et formaient désormais sa province de Luxembourg) que renaît l'intérêt pour le dialecte luxembourgeois.

En 1848 on a employé la langue luxembourgeoise lors d'une réunion des États (Ständeversammlung).

En 1896 le poète C.M. Spoo fait son discours inaugural à la Chambre des Députés en luxembourgeois. La Chambre se prononce contre l'emploi du dialecte.

En 1912 on introduit l'étude du luxembourgeois à l'école primaire.

En 1941 il y a le plébiscite nazi (Personenbestandsaufnahme); les sentiments antinazis élèvent la popularité du luxembourgeois à son sommet.

En 1945 paraît un journal tout entier écrit en luxembourgeois (d'Unioun).

En 1945 le luxembourgeois fait son entrée dans les lycées où l'on consacre une heure hebdomadaire à la littérature luxembourgeoise (surtout à la lecture de Renert, 'le Renard', l'épopée animale de Michel Rodange).

---

[1] Notons à titre de curiosité la survivance d'un pittoresque argot judéo-allemand de forains et colporteurs, appelé « Weimerskiircher Jéinesch », en somme une variante luxembourgeoise de la « Lakersprache » ou du « Rotwelsch » répandu dans certaines régions allemandes.

**Spelling**

Today the official spelling follows the latest reforms prescribed by the July 30, 1999 decree. Yet some of these changes from a well-established 25 year-old practice met with great controversy and were only adopted with some reticence and skepticism. Yet high hopes are set on the Cortina project bound to give Luxembourgish its long-awaited spellchecker.

Needless to say that the Luxembourgish spelling odyssey has not yet come to an end ...

But is there at least a uniform language spoken all over the small country? – No, there are an amazing number of local and regional variations, but as Robert Bruch says: "Since the beginning of the 20th century there has come forth a supraregional common idiom, the product of a long process of reciprocal assimilation among the local idioms." But there is no official or literary language to serve as a yardstick, a point of reference.

The most colourful and interesting regional variants are those of the following relict areas: Clervaux - Wiltz - Vianden - Diekirch- Echternach - Moselle - Esch/Alzette - Luxembourg city and suburbs - Arlon - Thionville. [1]

Since when have Luxembourgers really become interested in their dialect?

Interest in the Luxembourg dialect awoke with the independence of the country in 1839 (when the Walloon districts were given to Belgium to form the province of Luxembourg).

In 1848 Luxembourgish was used at a meeting of the Estates (Ständeversammlung).

In 1896 the poet C.M. Spoo gave his inaugural speech at the Chamber of Deputies in Luxembourgish. The Chamber however carried a vote against the use of Luxembourgish in its deliberations.

In 1912 Luxembourgish was introduced into primary school.

In 1941 a famous Nazi plebiscit (Personenbestandsaufnahme) took place where the Luxembourgers proudly filled in as their "nationality" and "language spoken": Luxembourgish.

In 1945 a daily paper appeared entirely written in Luxembourgish (D'Unioun), largely supported by the enthusiasm of "Résistance" circles. But it was to be a short-lived enterprise.

In 1945, too, Luxembourgish entered the secondary schools where a weekly period is still devoted to Luxembourgish literature, especially to the reading of its greatest creation, the late 19th century animal epic poem, "De Renert" by Michel Rodange.

---

[1] As a matter of curiosity let us point out that there even survives a picturesque secret Yiddish lingo of travelling merchants and hawkers called "Weimerskiircher Jéinesch", a local slang closely related to the "Lakersprache" or "Rotwelsch" of certain German areas!

# COMMENT DÉFINIR LE LUXEMBOURGEOIS DE FAÇON SCIENTIFIQUE

On pense généralement que la langue indo-européenne originelle – si elle a jamais existé – s'est diversifiée vers l'an 2000 avant J.-C. en 2 grands groupes avec au moins 14 subdivisions. On distingue grossièrement

1) le groupe asiatique formé des langues indiennes et persanes

2) le groupe européen, formé par les langues grecques, italiques, celtiques, baltico-slaves et germaniques.

Dans un tableau synoptique des langues germaniques de l'Ouest, nous trouvons le luxembourgeois sous les 'westmitteldeutsche' dialectes, sous la désignation 'Moselfränkisch' (Francique mosellan). C'est qu'il procède du développement linguistique du 'Westmitteldeutscher Raum' ou 'Rheinischer Fächer' (éventail rhénan) comme l'érudit Theodor Frings dénomme cette région. [1] Le spécialiste y distingue trois dialectes:

1) Das Rheinfränkische (Francique du Rhin);

2) Das Moselfränkische (région de Trèves et de Coblence);

3) Das Ripuarische (parlé aux alentours de Cologne).

Toutes ces appellations rappellent la grande aventure des Francs Saliens et Ripuaires qui dès le 3e siècle de notre ère, commencèrent à s'établir dans nos régions. Tout d'abord les Francs Maritimes avancent de la région de Betuwe (Batacorum Insula) aux Pays-Bas tandis que les Francs Ripuaires partent de la baie de Cologne.

Les Ripuaires arrivent d'abord dans nos régions et donnent à notre peuple sa substance ethnique. Mais les Francs Maritimes descendus dans le bassin parisien et progressant à travers la Champagne et la Lorraine du Nord sur une route naturelle entre les Ardennes et le plateau de Briey, nous apportent leur culture et leur civilisation qui sont donc 'Westfränkisch' (ouest-franques ou ouest-franciques).

C'est Clovis et ses Mérovingiens qui ont ouvert cette région que l'érudit luxembourgeois Bruch appelle la baie de Luxembourg. Selon ses théories, c'est au contact des Gallo-Romains de la plaine de Paris que le caractère essentiellement germanique de notre population s'est lentement transformé. Et voilà probablement la raison profonde de cette inquiétude et de ce déséquilibre instable du luxembourgeois entre les civilisations française et allemande. Car c'est à cheval sur cette frontière bilingue que sera fondé en 963 le duché de Luxembourg.

Mais parmi les linguistes la controverse règne toujours quant à l'origine et à la nature exactes de notre dialecte. Pour vous donner une idée de la complexité de la question et pour vous montrer de combien cela dépasse le but modeste de ce guide, permettez-moi de citer quelques passages d'un spécialiste anglais qui essaie de faire le point:

« La question de la position du luxembourgeois dans le contexte des 'westmitteldeutsche Dialekte' fut réouverte par la publication de la 'Grundlegung einer Geschichte des Luxemburgischen' (Luxembourg, Linden 1953) et de 'Das Luxemburgische im westfränkischen Kreis'.

L'ancienne théorie, formulée par l'école rhénane, surtout par Theodor Frings, interprétait la région dialectale s'étendant de la ligne Pfund/Pund au sud est de la ligne ich/ik au nord, selon les effets subis par la 'Hochdeutsche Lautverschiebung'. L'éventail rhénan ainsi forme fut considéré comme le résultat d'une poussée linguistique du sud vers le nord le long du Rhin. Le luxembourgeois apparaît ainsi comme un reliquat à l'extré-

---

[1] Toute cette nomenclature remonte aux effets de la « Hochdeutsche Lautverschiebung », illustrée par le changement des sons occlusifs durs p, t, k durant la période des migrations de 450 à 650 de notre ère. Elle commença au sud, progressa vers la mer du Nord et se perdit dans la plaine de l'Allemagne du Nord. Elle est à l'origine de la « hochdeutsche Sprache » (haut allemand) datant du 7e siècle. Dans les régions où ses effets n'ont pas été ressentis, on parle le « niederdeutsch » (le bas allemand).

# LINGUISTICS IN A NUTSHELL OR WHAT SCHOLARS THINK ABOUT LUXEMBOURGISH

Some scholars believe that the Indo-European "Ur-language" – if ever there was such a thing – split and diversified around the year 2000 B.C. into two big groups of at least fourteen sub-families of language. We may roughly distinguish

1) the Asiatic group with Indian and Persian languages

2) the European group with Greek - Italic - Celtic - Baltico-Slavonian and Germanic branches.

Among the West Germanic languages, we find Luxembourgish usually catalogized as a West Middle German dialect called: Moselle Franconian (Moselfränkisch) as its historical development took place within the "Westmitteldeutscher Raum" or the "Rheinischer Fächer" (Rhenian Fan) as the German scholar Frings calls it. [1]

Three separate dialects can be distinguished here:

1) Das Rheinfränkische (Rhenish Franconian);

2) Das Moselfränkische (Moselle Franconian around Trier and Koblenz);

3) Das Ripuarische (Ripuarian around Köln (Cologne)).

All these names point to the originators of these tongues, the Franks, and their great adventure during the time of the migrations.

In the 3rd century A.D. the North Sea Franks (also called Salian Franks or Franks Maritimes) were already descending southwards from Betuwe (Batacorum insula, between the Waal and the Lek) in the Netherlands, whereas the Rhenish Franks (or Ripuarians) advanced from the Cologne Bay.

The Ripuarians first come to Luxembourg and give our people its ethnic substance. But the Salian Franks advancing from the Paris Plain through the Champagne and North Lorraine along a natural road between the Ardennes and the Plateau de Briey give us their culture and civilization which is West-Franconian.

Clovis and his Merovingians then opened the area which Bruch calls: The Luxembourg Bay. According to his theories the contact with the Gallo-Romans in the Plain of Paris changed the essentially Germanic character of the civilization of those areas. Here we may see the reasons for the unrest or the delicate balance of the Luxembourger between East and West, between the Romanic and Germanic civilization. In 963 the county of Luxembourg was born right into the middle of that bilingual borderland. But there is much controversy among linguists about these questions of linguistic origin and the nature of our dialect. Just to give you an idea of how complicated it all really is and to show you how far it transcends the targets of this small handbook, let me give you some extracts from a specialist who tries to summarize the situation:

"The question of the position of Luxembourgish within the framework of West Middle German dialects was reopened with the publication of Robert Bruch's 'Grundlegung einer Geschichte des Luxemburgischen' (Luxembourg, Linden 1953) and 'Das Luxemburgische im westfränkischen Kreis' (1954).

The older view, formulated by the Rhenish School under the leadership of Theodor Frings, interpreted the dialect area extending between the Pfund/Pund line in the south and the ich/ik line in the north in terms of the participation in the second sound-shift. The Rhenish Fan thus established was seen as the result of a linguistic thrust from south to north along the river Rhine. Luxembourgish appears thus as a relic area in the extreme West of Moselle Franconian, separated from Rhenish Franconian by the dat/das isogloss (Hunsrück-Schranke)

---

[1] These nomenclatures result from the effects of the first German sound-shift ("Erste deutsche Lautverschiebung"). Basically it is illustrated by the switching of the hard occlusive sounds p, t, k, during the migration period between 450 and 650 A.D. It started in the south, went northwards towards the sea and faded out in the north German plain. It was at the origin of the "hochdeutsche Sprache", starting in the 7th century. Where no effect of this was felt, "niederdeutsch" was spoken.

mité ouest du Francique mosellan, séparé du Francique rhénan par l'isoglosse dat/das (barrière du Huns-rück), du Francique du sud-est de la Moselle par l'isoglosse op/auf, et du Franc ripuaire par l'isoglosse Dorp/Dorf axe nord (barrière de l'Eifel). L'état médiéval de l'archevêque-électeur de Trèves est considéré comme la base historique sur laquelle se greffe le Francique mosellan.

Cette thèse fut attaquée par l'érudit luxembourgeois Robert Bruch qui réclame une division des 'westmitteldeutsche Dialekte' basée sur des critères internes plutôt qu'externes, c'est-à-dire sur la 'Hochdeutsche Lautverschiebung'. En outre il établit l'influence puissante de l'expansion ouest-est des Francs sur les territoires rhénans. Ainsi il se forme aux temps des Mérovingiens et Carolingiens un triangle francique dont la base repose sur la frontière linguistique franco-allemande et dont l'axe Moselle-Lahn s'oriente vers l'est, en Thuringie.

L'expansion ultérieure vers le nord des 'oberdeutsche Dialekte' a réduit la baie francique progressivement et différemment selon les isoglosses individuelles. La situation périphérique du Luxembourg a facilité la survie du genre de langue qui résultat de la symbiose linguistique des Francs de l'Ouest et des Romains dans la Gaule du Nord après la conquête des Francs.

Cette région délaissée du Francique ouest-mosellan pourra être définie par une ceinture d'isoglosses allant de la frontière linguistique franco-allemande à l'ouest de St. Vith dans l'Eifel, vers le sud-est en direction de Bitbourg, puis vers le sud jusqu'à l'ouest de Trèves et puis vers le sud-ouest à la frontière linguistique franco-allemande au sud-ouest de Thionville en Lorraine.

Ainsi le luxembourgeois n'est pas seulement parlé au Grand-Duché de Luxembourg mais également par un nombre d'habitants décroissant dans les régions limitrophes de Belgique (Arlon), d'Allemagne (Bitbourg) et de France (Thionville). »

(cf. R.E. Keller: German Dialects, traduction de l'auteur)

from South-eastern Moselle Franconian by the op/auf isogloss, and from Ripuarian by the Dorp/Dorf isogloss in the north (Eifel-Schranke). The medieval state of the archbishop elector of Trier is regarded as the historical basis upon which Moselle Franconian came into existence.

This view was challenged by the Luxembourg scholar Robert Bruch. He demanded a division of the Middle Franconian dialects based on internal evidence rather than on external criteria i.e. the second sound-shift, carried in from Upper German dialects. He further saw the linguistic history of the Rhinelands shaped by a powerful Frankish West-east expansion in Merovingian and Carolingian times creating a so-called Franconian Bay or triangle with its base resting broadly on the Franco-German linguistic frontier, its Moselle-Lahn axis pointing eastwards into Thuringia. The later north expansion of the Upper German dialects caused the Franconian Bay to contract in stages graded differently for individual isoglosses. Luxembourg's peripheral position has facilitated the survival of the type of language which emerged from the linguistic symbiosis of West Franks and Romans in Northern Gaul after the Frankish conquest.

The West Moselle Franconian relic area can be defined as enclosed by a fascicle or belt of isoglosses running from the Franco-German linguistic frontier west of St. Vith in the Eifel, south-eastwards to Bitburg, thence southwards to west of Trier and south-westwards to the Franco-German linguistic frontier south-west of Thionville in Lorraine.

Luxembourgish is thus not spoken only in the Grand Duchy but also by a dwindling number of people in the adjacent areas of Belgium (district of Arlon), Germany (area of Bitburg) and France (district of Thionville)."

(cf. R.E. Keller: German Dialects)

# PREMIERS DOCUMENTS DU LUXEMBOURGEOIS

1) Nous pouvons considérer les glossaires d'Echternach des 9ᵉ et 10ᵉ siècle comme les premiers témoignages écrits de notre dialecte. Le 'Trierer Capitulare' du 10ᵉ siècle constitue le premier texte cohérent.

2) Le frère Hermann, probablement Hermann von Veldenz, chapelain de Marienthal, décrit en 5963 vers la vie de la Comtesse Yolande de Vianden (écrit vers 1290).

3) « Fürstenlob » un panégyrique des princes de la maison de Luxembourg en 200 vers, écrit probablement au début du 16ᵉ siècle par Johann Keck, un juriste au service de Charles V.

4) L'Echternacher Volkslied (Codex 109 de la Bibliothèque Nationale, Folio 188) – Chanson populaire à l'origine contestée (15ᵉ siècle?).

5) Les inventaires et enquêtes du Préfet du Département des Forêts du 7 octobre 1806. Les réponses des différentes personnalités constituent autant d'échantillons de notre dialecte.

6) Les lettres des soldats luxembourgeois au service de Napoléon (« Napoleonsdiener ») à leurs parents et amis.

Il nous faut attendre jusqu'en 1829 pour trouver les premiers textes vraiment littéraires écrits en dialecte.

« A Schrek op de Lezeburger Parnassus » d'Antoine Meyer franchit ce pas décisif.

Mais il faut rendre hommage ici à un curieux précurseur de Meyer, un légendaire musicien ambulant, appelé: De Blannen Theis. Il est aveugle, vient de Grevenmacher et s'appelle de son vrai nom Mathias Schon. Malheureusement nous ne savons pas si ce barde populaire était l'auteur des chansons populaires qu'il a popularisées. Dicks (cf. p. 135) l'a chanté dans un poème bien connu, dont le refrain exclame: Juchhei, ech sin de blannen Theis!

Les premières œuvres significatives de notre littérature dialectale vont apparaître entre 1829 et 1848 (sous l'heureuse influence de la politique libérale de Guillaume II).

# FIRST DOCUMENTS IN LUXEMBOURGISH

1) The Echternach glossaries of the 9th and 10th century A.D. can be considered as the first documentary evidence of our language. The first coherent text is known as: Das Trierer Capitulare (10th century).

2) Friar Hermann, probably Hermann von Veldenz, chaplain at the convent of Marienthal, describes in 5963 lines the life of Countess Yolande of Vianden. This first poem in Luxembourgish was written around 1290.

3) A panegyric 'Praise of the Princes' 'Fürstenlob' in 200 lines, written at the beginning of the 16th century to celebrate the princes of the House of Luxembourg (probably written by Johann Keck, a lawyer in the service of Charles V).

4) The so-called Echternacher Volkslied (Codex 109 of the National Library, Folio 188). A popular song of controversial origin (15th century?).

5) The inventories and enquiries of the 'Préfet du Département des Forêts' on October 7, 1806 about the language used in the Luxembourg Department of Forests. The answers of different personalities constitute so many dialect samples.

6) Letters of the 'Napoleonsdiener', written by the Luxembourgers who fought in the Napoleonic armies all over Europe, to their parents and friends.

We have to wait till 1829 before we get the first evidence of a real dialect literature. Anton Meyer's 'A Schrek op de Lezeburger Parnassus' will make the breakthrough. But a curious forerunner of Meyer should be mentioned here, a legendary figure, a blind ambulant musician, called: De Blannen Theis. He was from Grevenmacher and his real name was Mathias Schon. Unfortunately, no songs of this popular bard have been recorded as his own, but many popular rimes are ascribed to him. Dicks (cf. p. 135) has celebrated him in a popular verse, the refrain of which goes: Juchhei, ech sin de blannen Theis.

The first really significant works appear between 1829 and 1848 under the happy influence of the liberal policies of William I.

# PORTRAIT-ROBOT DU LUXEMBOURGEOIS

Il est lent, prudent et réfléchi. Paysan finaud et épris de sécurité, il calcule ses chances et ses risques.

Il travaille dur et a une tournure d'esprit essentiellement pratique, utilitariste et conformiste. Jusqu'à ce jour l'opinion publique reste le juge suprême des valeurs et du succès dans les petites communautés locales. Le dialecte exprime ce conformisme social dans l'adage populaire:

Maach ewéi d'Leit da geet et der wéi de Leit
(si Romae fueris romano vivito more),
(à la ville on fait comme à la ville).

Il estime hautement l'enracinement, la similarité et la permanence. Ses modes d'habitation et de construction illustrent bien ce sens paysan de la prudence et de la solidité.

Il est bourgeois, conservateur et conformiste tout en ne voulant pas l'être, tout en rouspétant et maugréant. Il a l'ironie sceptique et le réalisme désillusionné du petit observateur à l'écart des grands événements de ce monde. Il se méfie des gestes pathétiques et des paroles ampoulées des hommes politiques, fussent-ils concitoyens ou voisins.

Il a horreur d'étaler ses sentiments au grand jour et aime cacher sa sensibilité sous des dehors moqueurs qui peuvent parfois passer pour de la froideur ou de l'indifférence. En toutes choses c'est le bon sens qui lui dicte son comportement.

Il préfère vivre dans la médiocrité et le contentement plutôt que de risquer sa vie dans des poses faussement idéalistes ou héroïques.

Il a de l'argent, et aime à la fois bien manger – comme ses voisins français – et en voluptueuses quantités – comme ses voisins allemands.

Il parle plusieurs langues plus ou moins bien et voyage beaucoup.

Des siècles de subordination lui ont donné une haine instinctive envers toute organisation hiérarchique et toute réglementation militaire ou pédante.

Il est naturellement démocrate, farouchement indépendant et raisonnablement Européen.

Peut-être pourrions-nous risquer la conclusion suivante (qui vaut ce que valent toutes les généralisations):

Le Luxembourgeois travaille dur comme l'Allemand, est individualiste comme le Français (surtout l'intellectuel), propre, casanier et économe comme le Hollandais. Il a l'esprit commercial du Belge, l'amour de la liberté du Britannique, l'entêtement et la fierté de l'Irlandais et – une fois la glace rompue – la chaleur de l'Italien.

# ROUGH CHARACTER-SKETCH OF THE LUXEMBOURGER

He is slow, cautious and serious-minded. Like an astute peasant, he looks out for security and carefully balances his risks.

He is a hard worker and has a practical, utilitarian and conformist turn of mind. In small communities public opinion is still the final criterion for value and success. The dialect expresses this social conformism in a current piece of advice:

Maach ewéi d'Leit da geet et der wéi de Leit,
(if in Rome, do as Romans do)
(si Romae fueris romano vivito more).

He values roots, similarity and permanence. His housing and building habits illustrate this peasant sense of prudence and solidity.

He is "bourgeois", conservative and conformist at heart in spite of a cavilling, sneering and grumbling façade. He has the sceptical irony and the disillusioned realism of the remote observer of world events.

He thoroughly distrusts great pathetic gestures and high-flown words of politicians, be they fellow citizens or neighbours.

He shrinks from publicly displaying his feelings and rather hides his sensitivity under a mask which might pass him off occasionally as cold and indifferent. Commonsense rules his behaviour in all things.

He would rather live mediocre and contented than risk his life in falsely idealistic or heroic postures.

He is well-to-do and likes to eat both well – as his French neighbours do, and abundantly (in luscious quantities) – as his German neighbours do.

He speaks several languages fairly well and travels much.

Centuries of subjugation have left him with an instinctive hate for hierarchic organization and for military or pedantic reglementation.

He is a natural democrat, proudly independent and reasonably European.

Perhaps we might say in conclusion that the Luxembourger is as hard-working as the German, as individualistic as the Frenchman (intellectuals above all), as clean, homely and economical as the Dutchman, as business-minded as the Belgian, as freedom-loving as the Briton, as stubborn and proud as the Irishman and – once the ice is broken – as hearty as the Italian.

# LES DICTIONNAIRES LUXEMBOURGEOIS

Les travaux sur les dictionnaires luxembourgeois peuvent se résumer en quatre grandes étapes:

### Première étape

En 1817, J.F. Gangler, un officier de paix et interprète juré à la Cour de Justice de Luxembourg, publia un « Lexicon der Luxemburger Umgangssprache, wie sie in und um Luxemburg gesprochen wird, mit hochdeutscher und französischer Übersetzung und Erklärung » (V. Hoffmann 1847). Il consacra 33 années de sa vie à ce travail. Ce fut un ouvrage de référence intéressant et indispensable, non rédigé par un linguiste, mais par un passionné de la langue luxembourgeoise, qui avait publié en 1841 un recueil de poèmes intitulé « Koirblumen um Lampierbiéreg geplekt » – Bleuets cueillis au Limpertsberg. Il avait joint un glossaire et une introduction à la partie consacrée à la prononciation du luxembourgeois.

### Deuxième étape

En 1906 parut un autre dictionnaire, production de groupe réunissant les travaux d'un comité officiel nommé en 1897 autour du Dr Franz-Joseph Weber. D'autres collaborateurs célèbres furent N. Gredt, C. Mullendorf, C.M. Spoo et N. Van Werveke. Plus tard ils furent rejoints par l'inspecteur de l'enseignement primaire Paul Clemen, par l'industriel André Duchscher et par le professeur Willy Goergen. Leur ouvrage, appelé « Wörterbuch der luxemburgischen Mundart » est cependant plus vaste et comprend bon nombre de mots régionaux, mais présente encore beaucoup de lacunes, néglige les sous-dialectes, fournit des explications étymologiques erronées et utilise une orthographe fort compliquée.

### Troisième étape

« Le Luxemburger Wörterbuch »

À l'origine de cette aventure de longue haleine des chercheurs s'intéressant à la langue, au folklore et à la toponymie luxembourgeoise se réunirent en 1924 dans la « Luxemburger Sprachgesellschaft » (qui en 1935 devint la « Section de Linguistique, de Folklore et de Toponymie de l'Institut grand-ducal »).

Cette section créa aussitôt la « Luxemburgische Wörterbuchkommission », une commission qui avait pour mission de préparer la mise en œuvre d'un dictionnaire luxembourgeois. Cette commission composée d'environ 12 membres se réunit une fois par semaine pour

# THE LUXEMBOURGISH DICTIONARIES

Work on the Luxembourgish dictionaries can be summarized in four main stages:

### Stage 1

In 1847, J.F. Gangler, a police officer and certified interpreter at the Court of Luxembourg, published a "Lexicon der Luxemburger Umgangssprache, wie sie in und um Luxemburg gesprochen wird, mit hochdeutscher und französischer Übersetzung und Erklärung" (V. Hoffmann 1847). He devoted 33 years of his life to it. This was an interesting and indispensable work of reference, not written by a linguist, but by a Lëtzebuergesch enthusiast, who in 1841 had published a volume of poems entitled "Koirblumen um Lampierbiéreg geplekt" (Field poppies picked at Limpertsberg). He had added a glossary and an introduction to the pronunciation of Luxembourgish.

### Stage 2

In 1906 another dictionary appeared, a joint effort by an official committee appointed in 1897, its central figure being Dr Franz-Joseph Weber. Other well-known contributors were N. Gredt, C. Mullendorf, C.M. Spoo and N. Van Werveke. Later they were joined by the school inspector Paul Clemen, the industrialist André Duchscher and Professor Willy Goergen. Their work called "Wörterbuch der luxemburgischen Mundart" is wider in scope and includes many regional words, but still suffers from many gaps, neglects sub-dialects, gives imaginary etymologies and uses a complicated spelling.

### Stage 3

The "Luxemburger Wörterbuch"

The driving forces of this long-term adventure were some scholars interested in Luxembourg's folklore and toponymics who joined in 1924 in the "Luxemburger Sprachgesellschaft" (which became in 1935 the "Section de Linguistique, de Folklore et de Toponymie de l'Institut grand-ducal").

This section founded a Luxembourg Dictionary committee whose duty it was to prepare the publication of a dictionary of the Luxembourg language. This committee numbers about 12 members and meets once a week to discuss in detail the phonetical, lexicological,

discuter à fond les différentes variantes phonétiques, lexicologiques, sémantiques et autres du vocabulaire luxembourgeois.

Le premier fascicule parut en 1950. Il ouvre la série de 25 fascicules – réunis en 4 tomes – dont le dernier a paru en 1976.

Le premier tome, englobant les lettres A-F, s'ouvre par une introduction de 70 pages offrant des aperçus substantiels sur la recherche dialectale, l'histoire des dialectes luxembourgeois, l'orthographe, les limites linguistiques, et un schéma synoptique des 22 parlers régionaux caractéristiques (en tout 500 pages).

En mars 1978, un supplément de 250 pages fut publié et couronna ce « grand œuvre » d'un total de 1.910 pages, bien denses, qui reste un événement marquant dans la dialectologie et la linguistique luxembourgeoises.

**Quatrième étape**

Les vingt dernières années ont vu la parution d'une quinzaine de dictionnaires bilingues au format de poche ainsi qu'un glossaire multilingue (en six langues).

Les premiers fascicules d'un dictionnaire étymologique des éléments français du luxembourgeois viennent de paraître, tandis que les autorités officielles comme la Section de Linguistique de l'Institut grand-ducal et le Conseil permanent de la langue luxembourgeoise poursuivent le double projet de publier un jour un grand « Trésor de la langue luxembourgeoise », ouvrage scientifique basé sur un vaste corpus de textes compilés dans des banques de données de la langue parlée et écrite et de textes littéraires ainsi qu'un dictionnaire pratique genre Larousse écrit uniquement en luxembourgeois pour l'usage quotidien...

semantic and other variants of the Luxembourgish vocabulary.

The first instalment was published in 1950. The whole dictionary comprises 25 instalments – divided into 4 volumes – the last of which came out in 1976.

The first volume covers the letters A-F and starts with a 70 page-introduction which gives basic surveys on the dialectal research, on the history of dialects, spelling, linguistic borders and a synoptic table of 22 typical regional dialects (500 pages altogether).

In March 1978 a supplement of 250 pages was published and rounded off this enterprise, which – with its total of 1,910 tightly-packed pages – remains a landmark in Luxembourg dialectology and linguistics.

**Stage 4**

The last twenty-five years saw the publication of about fifteen bilingual pocket-sized dictionaries alongside with a multilingual glossary in 6 languages.

The first instalments of an etymological dictionary of French elements in Luxembourgish have just appeared. At the same time the official authorities such as the Section de Linguistique of the Institut grand-ducal and the Conseil permanent pour la langue luxembourgeoise pursue their project of publishing one day both a big "Treasury of the Luxembourg language", a scientific compendium based on a vast text corpus exploiting a databank of written and spoken Luxembourgish and of literary texts as well as a practical and handy Larousse type reference book for daily usage written only in Luxembourgish...

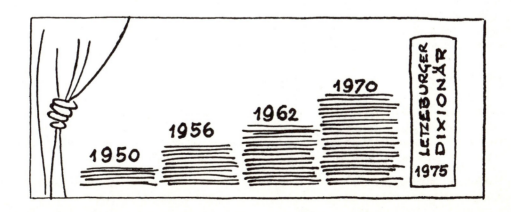

## NOTES PRÉLIMINAIRES SUR LA NATURE ET LA FORME DES MOTS

En étudiant la langue luxembourgeoise, nous rencontrons trois tendances fondamentales du plus grand intérêt.

1) La réduction des syllabes inaccentuées.

Toute langue en évolution s'allège peu à peu, s'effrite et se dépouille de certains éléments. Ainsi le vocable latin « imperatorem » devient en français empereur (emp'reur). L'effort de celui qui prononce se porte sur la syllabe tonique et néglige les autres.

Le mot allemand Forelle devient en luxembourgeois Frell et

|  |  |
|---|---|
| Insenborn | – Ensber (village des Ardennes, Ardennes village) |
| Hände | – Hänn (les mains, the hands) |
| gegangen | – gaang (allé, gone) |
| gegessen | – giess (mangé, eaten) |
| gekommen | – komm (arrivé, arrived) |
| Alfons | – Fos (Alphonse) |
| Franz | – Fras (François, Francis) |
| fünfzehn | – fofzéng (quinze, fifteen) |

2) Assimilation de consonnes.

Deux consonnes voisines tendent à devenir identiques. Ex.

Es ist eine Sünde und eine Schande, der blinde  Hund hat  dem Kinde große  Wunden in die Hände
't as  eng Sënn  an  eng Scha*n*  de bla*nn*en Hond huet dem Ka*nn*  grouss Wo*nn*en an d'Hä*nn*
gebissen und ist eine Stunde lang  hinter  ihm bis ans Ende  des  Dorfes gelaufen. (NHG)
gebass   an  as eng  Stonn  laang ha*nn*er em  bis un  d'E*nn* vum Duerf  gelaf. (Lux)

*Traduction littérale:* C'est un péché et une honte que le chien aveugle ait mordu de grosses blessures aux mains du garçon et l'ait poursuivi pendant une heure jusqu'au bout du village.

3) Caractère analytique.

Le français est une langue dite analytique parce que le français représente les rapports grammaticaux exprimés à l'origine par des désinences collées au radical, par des termes spéciaux juxtaposés (prépositions, pronoms, verbes auxiliaires, etc.).

Comparé à l'allemand littéraire, le Luxembourgeois présente ce même caractère analytique.

## PRELIMINARY NOTES CONCERNING THE NATURE AND FORM OF LUXEMBOURGISH WORDS

We have to point out several basic and characteristic syntactical and phonetical particularities in Luxembourgish.

1) Reduction of unstressed syllables.

Any language in evolution tends to get lighter and to strip off some of its elements. Thus the latin "imperatorem" becomes the French "empereur". The tonic syllable gets the stress and the others are neglected.

Thus the German word Forelle results in the Luxembourgish Frell and

2) Assimilation of consonants.

Two neighbouring consonants tend towards identification. Cf.

*Literal translation:* It is a sinn and a shame that the blind dog bit big wounds into the child's hands and ran after him for an hour right to the end of the village.

3) Analytical character.

French is an analytical language when compared to Latin, as it represents grammatical links – originally expressed by suffixes added to the stem – by special juxtaposed words, such as prepositions, pronouns, auxiliary verbs, etc.).

This is also true for Luxembourgish when compared to literary German.

« Vaters Haus » se traduit par « dem Papp säin Haus » tout comme le latin « domus patris » devient en français « la maison du père ».

Quelques autres caractéristiques du luxembourgeois:

4) Adoucissement intervocalique

    cf. NHG über
    sagen
    fragen

5) Pas de coup de glotte entre plusieurs syllabes (Glottis-Druck, Knacklaut).

6) Affaiblissement de *i* et *u* vers *e* et *o* bref.

    cf. NHG Krippe
    Luft

7) Diphtonguisation de voyelles: *e* et *o* brefs deviennent *ie* et *ue*.

    cf. NHG leben
    loben

Thus NHG "Vaters Haus" is in Luxembourgish "dem Papp säin Haus" as Latin "domus patris" became the French "la maison du père".

Some other particularities of Luxembourgish:

4) Softening of the vowel sounds
– iwer
– soen
– froen

5) No glottal stop between different syllables.

6) Weakening of *i* and *u* towards short *e* and *o*.
– Krëpp
– Loft

7) Diphthongization of vowels: short *e* and *o* become *ie* and *ue*.
– liewen
– luewen

*Dem Papp säin Haus*

## ADAPTATION DE MOTS EMPRUNTÉS PAR L'ASSIMILATION DE SUFFIXES FRANÇAIS ET ALLEMANDS

Les emprunts de la langue française s'imposent par la force des choses. Trois éléments jouent un rôle primordial:

1) la proximité de la terre linguistique romane en Wallonie et en France;
2) la politique des Comtes du Luxembourg;
3) la division ethnique et linguistique du vieux duché en quartier wallon et en quartier allemand.

Du 11$^e$ au 14$^e$ siècle le luxembourgeois emprunte un grand nombre de mots français. Ensuite au 15$^e$ siècle cette tendance s'accroît encore sous l'influence des Bourguignons, et reprend bien entendu sous les deux périodes de domination française sur notre territoire, à savoir de 1684-1697 et de 1795-1814.

Quelques exemples:

| Suffixes français French suffixes | | | | |
|---|---|---|---|---|
| | *ion* | = Lux. *ioun* | cf. | la friction |
| | | | | la nation |
| | *on* | = Lux. *ong* | cf. | la façon |
| | | | | le caleçon |
| | | | | la prison |
| | *té* | = Lux. *téit* | cf. | l'université |
| | | | | la société |
| | *er* ou *re* | = Lux. *éiren* | cf. | diriger |
| | | | | déterminer |
| | | | | suspendre |

Dans beaucoup de cas, l'accent français se déplace d'une syllabe. Il peut par exemple avancer de la deuxième vers la première syllabe.

  cf. le cale*ç*on

*Remarque:*

La plupart des suffixes luxembourgeois s'apparentent naturellement de très près aux formes allemandes correspondantes.

| Suffixes allemands German suffixes | | | | |
|---|---|---|---|---|
| | *heit* | = Lux. *heet* | cf. | Freiheit |
| | | | | Einheit |
| | | | | Sicherheit |
| | *isch* | = Lux. *esch* | cf. | tragisch |
| | *ig* | = Lux. *eg* | cf. | fertig |
| | *ieren* | = Lux. *éiren* | cf. | regieren |
| | | | | diktieren |

## ADAPTATION OF LOAN WORDS BY ASSIMILATION OF FRENCH AND GERMAN SUFFIXES

The borrowing from French lies in the nature of things. Three factors play an obvious role:

1) the proximity of Romance linguistic territories in Wallonia and France;
2) the policy of the Luxembourg counts;
3) the ethnical and linguistic division of the old duchy into a Wallonian and a German quarter.

From the 11$^{th}$ to the 14$^{th}$ century Luxembourgish borrowed many words from French. This tendency became even stronger under the rule of the Burgundians in the 15$^{th}$ century and resumed of course in the two periods of French rule, from 1684-1697 and from 1795-1814.

Some examples:

| | |
|---|---|
| – d'Friktioun | (rubbing) |
| – d'Natioun | (nation) |
| – d'Fassong | (make) |
| – de Kalzong | (slip, pant) |
| – de Prisong | (prison) |
| – d'Universitéit | (university) |
| – d'Societéit | (society) |
| – dirigéiren | (to direct) |
| – déterminéiren | (determine) |
| – suspendéiren | (to suspend) |

In many cases the French accent/stress shifts by a syllable. It may for instance fall on the first syllable instead of the second.

– de K*a*lzong

*Note:*

Most Luxembourgish suffixes are naturally very close to their German counterparts.

| | |
|---|---|
| – Fräiheet | (liberty, liberté) |
| – Eenheet | (unity, unité) |
| – Sécherheet | (security, sécurité) |
| – tragesch | (tragic, tragique) |
| – färdeg | (ready, prêt) |
| – regéiren | (govern, gouverner) |
| – diktéiren | (dictate, dicter) |

| Ceci est vrai également pour les préfixes. | This holds good for prefixes, too. |

Ex.:

|          |           |     | cf. Vorsicht | – Virsiicht | (prudence)   |
|----------|-----------|-----|--------------|-------------|--------------|
| Vor-     | = Lux. Vir- |   |              |             |              |
| Nach-    | No-       |     | Nachsicht    | – Nosiicht  | (indulgence) |
| etc., etc. |         |     |              |             |              |

Le suffixe français -ment (cf. département) perd sa nasalisation en luxembourgeois.

The French suffix -ment (cf. département) loses its nasalization in Luxembourgish.

Les suffixes français -el(le) et -eille (p.ex. rondelle, corbeille) deviennent -el (atone).

The French suffixes -el(le) and -eille (e.g. rondelle, corbeille) become voiceless -el endings.

| cf. Rondel | Kreis | circle |
| Kurbel | Korb | flower basket |

Le luxembourgeois rend le suffixe français -ier par le luxembourgeois -chen, suffixe du diminutif.

The Luxembourger adapts the French suffix -ier into -chen, the suffix for diminution.

| p.ex.: le bijoutier | de Bijutchen | jeweller |
| le guichetier | de Giischtchen | prison warden |
| le saladier | d'Zalättchen | salad bowl |

Certains mots français se retrouvent sous des formes mutilées ou hybrides (germano-françaises).

Certain words of French origin exist in Luxembourgish under a mutilated or hybrid German-French shape.

| Ex.: fr. disque | – Dicks | – disk-signal |
| boucle | – Block | – buckle, loop |
| s'accorder | – verakkordéiren | – to agree |

Parfois un mot luxembourgeois garde son genre français (en dépit de l'origine germanique).

Sometimes a Luxembourgish word keeps its French gender (in spite of its germanic origin).

| p.ex.: *de* Botter (m) | – all. = *die* Butter, | le beurre, butter |
| *d'*Zalot (f) | – all. = *der* Salat, | la salade, salad |

À l'occasion des tournures idiomatiques sont adaptées.

Occasionally idiomatic expressions are adapted.

p.ex.: fr. en vouloir à quelqu'un = engem es wëllen..., to bear a grudge.

La plupart des emprunts proviennent de domaines bien définis de la vie quotidienne ou de l'activité économique,

Most of the borrowings come from well-defined spheres of daily life or economic activities,

p.ex. celui des formules de politesse tels que:

such as forms of politeness:

Bonjour, Merci, Pardon

ou celui des jurons et insultes

or curses and insults

Nondi dieu (nom de Dieu), Kanaljen (canaille)

Beaucoup de professions luxembourgeoises conservent leur désignation française

Many Luxembourgish professions keep their French names

| p.ex.: Coiffeur (hairdresser) | Modiste (milliner) |
| Caissier (cashier) | Chauffeur (driver) |
| Monteur (fitter) | Notaire (notary) |

| | |
|---|---|
| Parfois le mot français et le terme d'origine germanique coexistent | Sometimes the French word and the Germanic word co-exist |

|  |  |
|---|---|
| Facteur | – Bréifdréier (postman) |
| Dentiste | – Zänndokter (dentist) |
| Chemin-de-ferriste | – Eisebunner (railway man) |

| | |
|---|---|
| Les emprunts français fourmillent naturellement dans les domaines | Naturally French borrowings are especially numerous in the fields |

de la mode et des vêtements / of fashion and clothing

| | | |
|---|---|---|
| cf. brodéiren | – broder | – embroider |
| Brosch | – broche | – brooch-pin |
| Jili | – gilet | – waistcoat |
| Getten | – guêtres | – gaiters (spats) |

du mobilier / of furniture

| | | |
|---|---|---|
| Buffet | – buffet | – sideboard |
| Fotell | – fauteuil | – armchair |
| Forchette | – fourchette | – fork |

de la cuisine / of the kitchen

| | | |
|---|---|---|
| Biwwalamoud | – bœuf à la mode | – boiled beef |
| Jelli | – gelée | – jelly |
| Purée | – purée | – mashed potatoes |

du jardin / of the garden

| | | |
|---|---|---|
| Choufleur | – choufleur | – cauli-flower |
| Kornischong | – cornichon | – gherkin |
| Réngglotten | – raine-claude | – greengages |
| Pijen | – pêches | – peaches |
| Vioulen | – violettes | – violets |
| Penséeën | – pensées | – pansies, heart's-eases |

du commerce / of trade

| | | |
|---|---|---|
| Affär | – affaire | – affair |
| Buttik | – boutique | – shop |

du droit et de l'administration / of law and administration

| | | |
|---|---|---|
| Barreau | – barreau | – Bar |
| Stage | – stage | – practice, probation service |
| Avoué | – avoué | – solicitor, attorney-at-law |
| Arrêté | – arrêté | – order |

de l'église / of the church

| | | |
|---|---|---|
| Abbé | – abbé | – catholic priest |
| Soutane | – soutane | – cassock |

En règle générale, le luxembourgeois accentue ces mots sur la première ou deuxième syllabe (pour avoué et arrêté) et non sur la dernière.

Les mots désignant les degrés de parenté sont en bonne partie d'origine romane.

|  |  |
|---|---|
| cf. | Mononk |
|  | Matant |
|  | Nevi |
|  | Niess |
|  | Koseng |
|  | Kusinn |

Il est évident que la facilité avec laquelle on peut recourir à des emprunts représente un danger permanent pour la pureté d'une langue. Elle ouvre en effet les portes toutes grandes aux tentations de snobisme, de langage précieux, cosmopolite et raffiné.

D'ordinaire le bon sens du peuple arrive cependant à neutraliser les abus les plus flagrants en les ridiculisant à la tribune publique.

*Note sur l'« UMLAUT »*

Dans la langue enfantine nous trouvons les formations suivantes:

|  |  |
|---|---|
| Kapp | – Käpp*i* |
| Kand | – Känn*i* |
| Jong | – Jëng*i* |
| Zuch | – Zich*i* |
| Maus | – Mais*i* |
| Fouss | – Féis*i* |

L'*i* clair de la dernière syllabe entraîne la clarification de la voyelle sombre précédente

|  |  |
|---|---|
| OHG Gast | – Gesti |
| cf. G Gast | – Gäste |

Ce phénomène linguistique fondamental est aussi répandu en luxembourgeois qu'en allemand, notamment

1) dans la déclinaison des substantifs (cf. ci-dessus)

2) la comparaison des adjectifs
   (cf. G. groß – größer
        L. grouss – gréisser)

3) la conjugaison des verbes
   (cf. G. ich laufe – du läufst
        L. ech lafen – du leefs)

4) la formation des diminutifs
   (voir ci-dessus).

As a rule Luxembourgish stresses these words on the first or second syllable (cf. avoué, arrêté) and not on the last one.

A good number of words denoting various degrees of kinship are of Romanic origin.

|  |  |
|---|---|
| – (mon) oncle | – uncle |
| – (ma) tante | – aunt |
| – neveu | – nephew |
| – nièce | – niece |
| – cousin | – cousin |
| – cousine | – cousin (female) |

It is obvious that the facility with which you can introduce borrowings into a language, represents a serious danger for its purity. It widely opens all the doors to the temptations of a snobbish, precious, or cosmopolitan refinement of language.

Generally, however, the commonsense of the people succeeds in neutralising the wildest abuses by publicly exposing and ridiculing them.

*Note concerning the « UMLAUT »*

In the language of children we find word-formations like the following:

The clear *i* of the last syllable clarifies the preceding dark vowel

This is a basic linguistic phenomenon present in Luxembourgish as well as in German, both

1) in the declension of the substantives (cf. example above)

2) in the comparison of the adjectives
   (cf. G. groß – größer
        L. grouss – gréisser)

3) in the conjugation of the verbs
   (cf. G. ich laufe – du läufst
        L. ech lafen – du leefs)

4) in the formation of the diminutives
   (cf. G. Kopf – Köpfchen) (see above).

II<sup>e</sup> PARTIE

# GRAMMAIRE

**basée sur le**
**« Précis de Grammaire luxembourgeoise »**
de Robert Bruch

PART II

# GRAMMAR

**based on**
**"Précis de Grammaire luxembourgeoise"**
by Robert Bruch

# LE NOM

## A. FORMATION DES CAS

Tout comme le français moderne ne connaît plus qu'un seul cas qui a assumé tous les six cas du latin de Cicéron (« L'homme » provenant de l'accusatif latin « hominem »), le substantif luxembourgeois, privé de toutes ses anciennes désinences, ne survit qu'à l'*accusatif.*

Ex.: *alen Dreck*

Dat ass en alen Dreck (nom.)

Hal däin alen Dreck (acc.)

Géi mat dengem alen Dreck (dat.)

Seuls les *pronoms* conservent d'autres cas. Seule donc la place du nom dans la phrase indique s'il est objet ou sujet dans telle phrase.

Ex.:

*Sujet:* Den Dreck frësst hie ganz

*Objet:* Hie frësst den Dreck ganz

L'article peut jouer ici un rôle important aussi. (cf. C.)

# THE NOUN

## A. THE FORMATION OF THE CASES

Modern French knows only one single case which assures all the six cases of Ciceronian Latin ("L'homme" deriving from the Latin accusative: hominem). In the same way the luxembourgish noun has shed its ancient endings and survives only in its *accusative* form.

= Das ist alter Kram
= C'est de la vieille ordure
= This is old trash (rubbish)

= Behalte deinen alten Kram
= Garde ta vieille ordure
= Keep your old trash (rubbish)

= Geh mit deinem alten Kram
= Va-t-en avec ta vieille ordure
= Get away with your old trash

Only the *pronouns* survive in different cases. Only the position of the noun within the sentence indicates whether it is the subject or the object of that sentence.

Ex.:

= Der Dreck frisst ihn ganz
= La saleté le dévore complètement
= The dirt eats him up completely

= Er frisst den Dreck ganz
= Il mange toute la saleté
= He swallows all the dirt.

The article can of course play an important role here. (cf. C.)

## B. LE GENRE DU NOM

Comme en allemand et dans la plupart des langues il existe trois genres: le masculin, le féminin et le neutre, reconnaissables à l'article.

La majorité des noms ont le même genre qu'en NHG. En voici quelques-un cependant d'un *genre différent:*

| | | | |
|---|---|---|---|
| m. | de Bak | = | die Backe |
| m. | den Eck | = | die Ecke |
| m. | de Botter | = | die Butter |
| m. | de Pobeier | = | das Papier |
| f. | d'Baach | = | der Bach |
| f. | d'Fënster | = | das Fenster |
| f. | d'Plaz | = | der Platz |

## C. ARTICLE DÉFINI

a) forme atone:

| | nom. | gén. | dat. | acc. |
|---|---|---|---|---|
| m. | den | (des) | dem | den |
| f. | d' | (der) | der | d' |
| n. | d' | (des) | dem | d' |

b) forme tonique:

| | | |
|---|---|---|
| m. | deen | deem |
| f. | déi | där |
| n. | dat | deem |

## ARTICLE INDÉFINI

| | | | | |
|---|---|---|---|---|
| m. | e(n)* | enges | engem | e(n) |
| f. | eng | enger | enger | eng |
| n. | e(n) | enges | engem | e(n) |

\* il existe une forme tonique de EN qui est EEN et qui est identique à l'adjectif numéral.

*inexistant au pluriel*

Ex.: Jongen = des garçons

*Négation*

L'adjectif indéfini français AUCUN correspond au luxembourgeois.

| | | |
|---|---|---|
| | keen | |
| f. | keng | = aucun, pas un |
| n. | keen, keng | |

cf. numéral et pronoms indéfinis.

## B. THE GENDER OF THE NOUN

As in German and in many other languages there are three genders: the masculine, the feminine and the neuter, distinguished by the article.

The majority of the nouns have the same gender as in NHG, but the following are among those with a *different gender:*

| | |
|---|---|
| = la joue | = cheek |
| = le coin | = corner |
| = le beurre | = butter |
| = le papier | = paper |
| = le ruisseau | = brook |
| = la fenêtre | = window |
| = la place | = place |

## C. DEFINITE ARTICLE

a) unstressed form:

| dat. | acc. |
|---|---|
| dem | den |
| der | d' |
| dem | d' |

b) stressed form:

| |
|---|
| deem |
| där |
| deem |

## INDEFINITIE ARTICLE

| | |
|---|---|
| engem | e(n) |
| enger | eng |
| engem | e(n) |

\* there exists a stressed form EN which is EEN and which is identical with the numeral adjective.

*plural inexistent*

= boys

*Negation*

The English indefinite adjective NO corresponds to the Luxembourgish.

= no

cf. numerals and indefinite pronouns.

Distinguez l'adjectif indéfini KEEN (a) du pronom indéfini (b)

    a) Dat hei ass keen Auto

    b) Et ass keen do

Contrairement au français et à l'allemand les prénoms féminins sont *neutres.*

Eist Ann sot, dem Jang säi Léin hätt gekrasch

## GÉNITIF POSSESSIF

Le génitif possessif est exprimé par une circonlocution formée à l'aide du pronom possessif. Il est combiné au datif du nom ou du pronom.

    Dem Heng säi Papp

    Dem Pir säi Päerd

Si le propriétaire n'est pas un être vivant, on emploie la préposition VUN *suivi du datif*

    d'Mauer vun eisem Gaart

    de Stempel vun ärem Dësch

Distinguish the indefinite adjective KEEN (a) from the indefinite pronoun (b)

= ceci n'est pas une voiture
= this is not a car

= il n'y a personne
= there is nobody, nobody is in

Contrary to French and German usage, feminine names are *neuter.*

= unsere Anna sagte Johanns Lene habe geweint
= notre Anne disait que la Hélène à Jean avait pleuré
= our Ann said that John's Helen had cried

## POSSESSIVE CASE

The possessive case is expressed by the possessive pronoun combined with the dative of the noun or pronoun.

= Heinrichs Vater
= le père de Henri
= Henry's father

= Peters Pferd
= le cheval de Pierre
= Peter's horse

In the case of an inanimate owner, we use the preposition VUN *followed by the dative*

= die Mauer unsers Gartens
= le mur de notre jardin
= the wall of our garden

= das Bein eures Tisches
= le pied de votre table
= the leg of your table

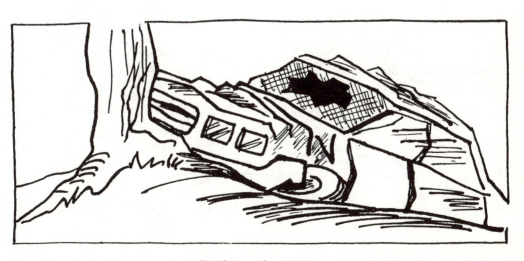

*Dat hei ass keen Auto*

| LA TERMINAISON FORTE -(E)S du GÉNITIF | THE STRONG GENITIVE ENDING -(E)S |
|---|---|
| survit dans quelques expressions | survives in some phrases |

du bass haut des Däiwels
= tu es possédé par le diable aujourd'hui
= the devil possesses you today

wat mécht een net alles wéint des léiwe Fridds?
= que ne fait-on pas pour l'amour de la paix?
= what wouldn't you do for the sake of peace?

ech hunn et schwéieren Häerzens gemat
= il l'a fait à contre-cœur (le cœur lourd)
= he did it reluctantly (with a heavy heart)

wat hunn ech der ze Leeds gedon
= quel mal t'ai-je fait
= which wrong did I do to you

hei ass ee senges Liewes net sécher
= ici vous n'êtes pas sûr de votre vie
= here your life is not safe

ech ginn e Stéck Wees mat dir
= je vais t'accompagner un bout de chemin
= I am coming along with you for a while

komm hanner Wanns
= mets-toi à l'abri (viens derrière le vent)
= come and shelter yourself

e mengt wat Wonnesch e wär
= il a le nez en l'air (il pense être quelque chose de miraculeux)
= he thinks no small beer of himself

en huet et laaches Monns gesot
= he said it with a smile
= il l'a dit en souriant

*Du bass haut des Däiwels*

## D. FORMATION DU PLURIEL

Le luxembourgeois ne connaît pas la déclinaison forte et la déclinaison faible de l'allemand; cependant on pourrait distinguer cinq types de formation.

*Type A*

Le pluriel ne se distingue en rien du singulier

a) noms se terminant en -EN
   (excepté diminutif -CHEN)

        Millen

        Familljen

        Kichen

b) quelques noms neutres

        Päerd

        Schwäin

        Schof

        Been

        Réi

c) quelques noms masculins en -ER ou -EL

        Fëscher

        Wierfel

        Fanger

## D. FORMATION OF THE PLURAL

Luxembourgish does not have the "strong" and the "weak" declensions of German. One might however distinguish five different types of formation.

*Type A*

Plural not marked by ending or mutation

a) nouns ending in -EN
   (except diminutive -CHEN)

  = Mühlen
  = moulins
  = mills

  = Familien
  = familles
  = families

  = Küchen
  = cuisines
  = kitchens

b) some neuter nouns

  = Pferde
  = chevaux
  = horses

  = Schweine
  = cochons
  = pigs, swines

  = Schafe
  = brebis
  = sheep

  = Beine
  = jambes
  = legs

  = Rehe
  = chevreuils
  = deer

c) some masculine nouns ending in -ER or -EL

  = Fischer
  = pêcheurs
  = fishermen

  = Würfel
  = dés
  = dice

  = Finger
  = doigts
  = fingers

|  | Aarbechter |  | = Arbeiter |
|--|--|--|--|
|  |  |  | = ouvriers |
|  |  |  | = workmen |

|  | Auslänner |  | = Ausländer |
|--|--|--|--|
|  |  |  | = étrangers |
|  |  |  | = foreigners |

*Type B*

La consonne finale change.

Font partie du type B surtout les mots masculins à la voyelle de base inchangée se terminant en -nd ou -n

| Frënd | – Frënn | = Freund |
|--|--|--|
| Hond | – Honn | = Hund |
| Steen | – Steng | = Stein |

*Type C*

Pluriel marqué par la seule mutation

a) la plupart des noms masculins à la voyelle ou la diphtongue sombre

| Mo | – Mee | = Magen |
|--|--|--|
| Krou | – Kréi | = Krug |
| Zuch | – Zich | = Zug |
| Numm | – Nimm | = Namen |
| Band | – Bänner | = Band |

b) les noms féminins qui changent aussi en NHG

| Kou | – Kéi | = Kuh |
|--|--|--|
| Maus | – Mais | = Maus |
| Hand | – Hänn | = Hand |

*Type D*

Pluriel marqué par la terminaison -en

a) la majorité des noms féminins

| Kaz | – Kazen | = Katze |
|--|--|--|
| Geess | – Geessen | = Geiß, Ziege |
| Baach | – Baachen | = Bach |

b) beaucoup de noms masculins

| Af | – Afen | = Affe |
|--|--|--|
| Bouf | – Bouwen | = Bube |
| Stéier | – Stéieren | = Stier |

c) quelques noms neutres

| A | – Aen | = Auge |
|--|--|--|
| Ouer | – Oueren | = Ohr |
| Déier | – Déieren | = Tier |

*Type B*

The final consonant changes.

To this type belong mainly masculine nouns with non-mutable root vowel ending in -nd or -n

| = ami | = friend |
|--|--|
| = chien | = dog |
| = pierre | = stone |

*Type C*

Plural marked by mutation alone

a) most masculine nouns with a back-root vowel or diphthong

| = estomac | = stomach |
|--|--|
| = cruche | = jug |
| = train | = train |
| = nom | = name |
| = volume | = volume |

b) those feminine nouns which mutate also in NHG

| = vache | = cow |
|--|--|
| = souris | = mouse |
| = main | = hand |

*Type D*

Plural marked by ending -en

a) majority of feminine nouns

| = chat | = cat |
|--|--|
| = chèvre | = goat |
| = ruisseau | = brook |

b) many masculine nouns

| = singe | = monkey |
|--|--|
| = garçon | = boy |
| = taureau | = bull |

c) some neuters

| = œil | = eye |
|--|--|
| = oreille | = ear |
| = animal | = animal |

*Type E*

Pluriel marqué par la terminaison -er

a) la majorité des noms neutres

| | | | |
|---|---|---|---|
| Enn | – Enner | = Ende |
| Hong | – Hénger | = Huhn |
| Kand | – Kanner | = Kind |
| Bild | – Biller | = Bild |

b) un plus grand nombre de noms masculins qu'en NHG

| | | | |
|---|---|---|---|
| Abléck | – Ablécker | = Augenblick |
| Mond | – Ménner | = Mund |
| Bësch | – Bëscher | = Busch, Wald |

c) tous les diminutifs en -chen prennent -ercher au pluriel, ceux en -elchen prennent -elcher

(cf. p. 57)

*Type E*

Plural marked by ending -er

a) majority of neuter nouns

| | |
|---|---|
| = fin | = end |
| = poule | = hen |
| = enfant | = child |
| = image | = picture |

b) a larger number of masculine nouns than in NHG

| | |
|---|---|
| = moment | = moment |
| = bouche | = mouth |
| = forêt | = wood |

c) all diminutives in -chen take -ercher in the plural those in -elchen take -elcher

(cf. p. 57)

*Auslänner . . .*

*Les pluriels les plus usités*      *The most frequent plurals*

Différences fondamentales avec l'allemand      Fundamental differences with German

A. Terminaison *ER* au lieu de l'allemand -E      A. Ending -*ER* instead of the German -E

| L. Sing. | Plur. | NHG | F. | E. |
|---|---|---|---|---|
| e Bierg | d'Bierger | Berge | montagnes | mountains |
| e Bësch | d'Bëscher | Büsche (Wälder) | forêts | woods |
| en Dësch | d'Dëscher | Tische | tables | tables |
| e Fest | d'Fester | Feste | fêtes | feasts, festivities |
| e Gelenk | d'Gelenker | Gelenke | articulations | joints |
| e Geschäft | d'Geschäfter | Geschäfte | magasins, affaires | shops, business |
| en Heft | d'Hefter | Hefte | cahiers | copybooks |
| e Kräiz | d'Kräizer | Kreuze | croix | crosses |
| e Krich | d'Kricher | Kriege | guerres | wars |
| e Mëtteg | d'Mëtteger | Mittage | (après-)midis | (after)noons |
| en Owend | d'Owenter | Abende | soirs | evenings |
| e Präis | d'Präisser | Preise | prix | prices |
| e Rescht | d'Reschter | Reste | restes | rests |
| e Schëff | d'Schëffer | Schiffe | navires | ships |
| e Seel | d'Seeler | Seile | cordes | ropes |
| e Spill | d'Spiller | Spiele | jeux | games |
| e Stéck | d'Stécker | Stücke | morceaux | pieces |
| e Stoft | d'Stëfter | Stoffe | étoffes | cloths |
| e Wee | d'Weeër | Wege | chemins | ways |
| e Verdéngscht | d'Verdéngschter | Verdienste | mérites | merits |
| en Déngscht | d'Déngschter | Dienste | services | services |

B. Terminaison -*ER* au lieu de l'allemand -EN      B. Ending -*ER* instead of the German -EN

| L. Sing. | Plur. | NHG | F. | E. |
|---|---|---|---|---|
| e Bett | d'Better | Betten | lits | beds |
| en Hiem | d'Hiemer | Hemden | chemises | shirts |
| en Häerz | d'Häerzer | Herzen | cœurs | hearts |

C. Terminaison -*EN* au lieu de l'allemand -E (avec ou sans Umlaut)      C. Ending -*EN* instead of the German -E (with or without Umlaut)

| L. Sing. | Plur. | NHG | F. | E. |
|---|---|---|---|---|
| eng Baach | d'Baachen | Bäche | ruisseaux | brooks |
| eng Bänk | d'Bänken | Bänke | bancs | benches |
| e Fräsch | d'Fräschen | Frösche | grenouilles | frogs |
| eng Fruucht | d'Friichten | Früchte | fruits | fruit |
| e Joer | d'Joeren | Jahre | années | years |
| e Kinnek | d'Kinneken | Könige | rois | kings |
| e Knéi | d'Knéien | Knie | genoux | knees |
| eng Konscht | d'Konschten | Künste, Kunststücke | arts, tours de force | arts, tricks |
| eng Nuecht | d'Nuechten | Nächte | nuits | nights |
| e Stär | d'Stären | Sterne | étoiles | stars |

*D.* Terminaison *-EN* pour les mots d'emprunts du français

*D.* Ending *-EN* for borrowings from French

| L. Sing. | Plur. | NHG | F. | E. |
|---|---|---|---|---|
| en Auto | d'Autoen | Autos | autos | cars |
| e Balkong | d'Balkongen | Balkone | balcons | balconies |
| e Bonjour | d'Bonjouren | Grüße | bonjours | greetings |
| e Buffet | d'Buffeten | Anrichten, Bahnhofsgaststätten | buffets | chest of drawers refreshment room |
| e Büro | d'Büroen | Büros | bureaux | offices |
| eng Ficell | d'Ficellen | Bindfäden | ficelles | strings |
| eng Gare | d'Garen | Bahnhöfe | gares | stations |
| e Cabinet | d'Cabineten | Aborte | les WC | toilets |
| e Couvert | d'Couverten | Bestecke, Gedecke | couverts | cover, fork & spoon |
| e Prabli | d'Prablien | Regenschirme | parapluies | umbrellas |

*E.* Terminaison *-EN* pour les mots allemands invariables en -EL et -ER

*E.* Ending *-EN* for the German invariables ending in -EL and -ER

| L. Sing. | Plur. | G. | F. | E. |
|---|---|---|---|---|
| den Däiwel | d'Däiwelen | Teufel | diables | devils |
| en Engel | d'Engelen | Engel | anges | angels |
| en Iesel | d'Ieselen | Esel | ânes | donkeys |
| e Läffel | d'Läffelen | Löffel | cuillers | spoons |
| e Mëttel | d'Mëttelen | Mittel | moyens | means |
| e Miwwel | d'Miwwelen | Möbel | meubles | furniture |
| e Schlëssel | d'Schlësselen | Schlüssel | clés | keys |
| e Spigel | d'Spigelen | Spiegel | miroirs | mirrors |
| e Stiwwel | d'Stiwwelen | Stiefel | bottes | boots |
| e Vull | d'Vullen | Vögel | oiseaux | birds |
| en Ziedel | d'Ziedelen | Zettel | feuilles | sheets |
| eng Zill | d'Zillen | Ziegel | briques | bricks |
| en Eemer | d'Eemeren | Eimer | seaux | pails |
| eng Fënster | d'Fënsteren | Fenster | fenêtres | windows |
| e Keller | d'Kelleren | Keller | caves | cellars |
| e Messer | d'Messeren | Messer | couteaux | knives |
| en Teller | d'Telleren | Teller | assiettes | plates |

*F.* Terminaison *-EN* pour les substantifs féminins allemands (-EL et -ER) se terminant en -N au pluriel

*F.* Ending *-EN* for the feminine German nouns (in -EL and -ER) forming their plural in -N

| L. Sing. | Plur. | NHG | F. | E. |
|---|---|---|---|---|
| eng Kugel | d'Kugelen | Kugeln | boules | balls |
| eng Nol | d'Nolen | Nadeln | aiguilles | needles |
| eng Schossel | d'Schosselen | Schüsseln | coupes | bowls |
| eng Wuerzel | d'Wuerzelen | Wurzeln | racines | roots |
| eng Oder | d'Oderen | Adern | veines | veins |
| eng Mauer | d'Maueren | Mauern | murs | walls |
| eng Schwëster | d'Schwësteren (d'Sëschteren) | Schwestern | sœurs | sisters |

G. Changement vocalique

a) au lieu du pluriel allemand invariable

| L. Sing. | Plur. | G. | F. | E. |
|---|---|---|---|---|
| e Knuet | d'Kniet | Knoten | nœuds | knots |
| e Won | d'Ween | Wagen | voitures, chariots | vehicles, carts |
| e Brot | d'Breet | Braten | rôtis | roast meats |
| e Schapp | d'Schäpp | Schuppen | hangars | sheds |

b) au lieu du pluriel allemand en -E (inexistant en luxembourgeois)

| en Aarm | d'Ärem | Arme | bras | arms |
| en Dag | d'Deeg | Tage | jours | days |
| en Hallem | d'Hällem | Halme | tiges | stems |
| e Pad | d'Pied | Pfade | sentiers | paths |

c) au lieu du pluriel allemand en -EN

| en Dar | d'Där | Dornen | épines | thorns |
| en Numm | d'Nimm | Namen | noms | names |
| e Sprass | d'Sprëss | Sprossen | échelons, traverses | steps, rungs |

*E Schapp*

## FORMATION DES DIMINUTIFS

## FORMATION OF DIMINUTIVES

a) La plupart des diminutifs se forment en ajoutant le suffixe -chen au substantif dont ils dérivent.

Les noms se terminant par -en perdent cette syllabe devant le suffixe de diminution et changent de voyelle.

a) Most diminutives add the suffix -chen to the original noun.

Nouns ending in -en lose their final syllable, add the suffix and change their basic vowel.

Ex.: 
| Trap | – Träppchen | = Treppe | = escalier | = stairs |
| Kuerf | – Kierfchen | = Korb | = panier | = basket |
| Kauz | – Käizchen | = Kauz | = hibou | = owl |
| Daum | – Daimchen | = Daumen | = pouce | = thumb |
| Millen | – Millchen | = Mühle | = moulin | = mill |
| Uewen | – Iewchen | = Ofen | = poêle | = oven |

b) Les noms se terminant par -k, -g, -ch et parfois ceux qui se terminent par -sch ou -z forment leurs diminutifs en s'ajoutant le suffixe -elchen.

b) Nouns ending in -k, -g, -ch and sometimes those ending in -sch or -z add the suffix -elchen.

Ex.:
| Stéck | – Stéckelchen | = Stück | = morceau | = pièce, lump |
| Jong | – Jéngelchen | = Junge | = garçon | = boy |
| Lach | – Lächelchen | = Loch | = trou | = hole |
| Fësch | – Fëschelchen | = Fisch | = poisson | = fish |
| Fatz | – Fätzchen | = Fetzen | = chiffon | = rag |
| Wutz | – Witzchen | = Ende | = bout | = end |

c) LE PLURIEL DES DIMINUTIFS

c) PLURAL OF DIMINUTIVES

se forme en remplaçant la désinence -chen par la désinence -ercher; et -elchen par -elcher.

we replace the ending -chen by -ercher; -elchen by -elcher.

Ex.:
| (Trap) | – Träppchen | – Träppercher | |
| | = Treppchen | = escabeau | = a small stepladder |
| (Bidden) | – Biitchen | – Bitercher | |
| | = Büttchen | = cuvette | = bowl |
| (Blat) | – Blietchen | – Bliedercher | |
| | = Blättchen | = petite feuille | = small sheet of paper, leaflet |
| (Apel) | – Äppelchen | – Äppelcher | |
| | = Äpfelchen | = petite pomme | = small apple |
| (Brudder) | – Bridderchen | – Briddercher | |
| | = Brüderchen | = petit frère | = little brother |
| (Jong) | – Jéngelchen | – Jéngelcher | |
| | = kleiner Junge | = petit garçon | = little boy |

d) Les diminutifs ont le *genre du nom* duquel ils sont dérivés, contrairement à l'allemand.

d) Contrary to German usage, the diminutive forms keep the *gender* of the original noun.

Ex.:
| eng Fra | – eng Frächen | = | |
| eine Frau | – *ein* Frauchen | = une femme | = a woman |
| de Mantel | – de Mäntelchen | = | |
| der Mantel | – *das* Mäntelchen | = le manteau | = the coat |
| eng Fënster | – eng Fënsterchen | = | |
| ein Fenster | – *ein* Fensterchen | = une fenêtre | = a window |

# PRONOMS PERSONNELS / PERSONAL PRONOUNS

|  | 1ʳᵉ pers. | 2ᵉ pers. | 3ᵉ pers. m. | f. | n. |
|---|---|---|---|---|---|
| Nom. sg. | ech | du, de | hie(n), en (1) | si, se | hatt, et, t |
| Gén. sg. | menger (3) | denger | senger | hirer | senger, es |
| Dat. sg. | mir, mer | dir, der | him, em | hir, er | him, em |
| Acc. sg. | mech | dech | hien, en | si, se | hatt, et, t |
| Nom. pl. | mir, mer | dir, der |  | si, se |  |
| Gén. pl. | onser (2) | ärer |  | hirer |  |
| Dat. pl. | { ons (2) / eis } | iech |  | hinnen, en |  |
| Acc. pl. | { ons (2) / eis } | iech |  | si, se |  |

*Note 1:*
Devant le pronom personnel atone E on intercale souvent un N euphonique si le pronom DE ou SE précède

*Note 1:*
With mobile -n, but a hiatus before it and after DE or SE is often filled with an euphonic N

> Hues de ne kannt? (Hues du e kannt)
> = kanntest du ihn?
> = est-ce que tu l'as connu?
> = did you know him?

> Wa se n e gesinn hätten! (Wa si e gesinn hätten)
> = wenn sie ihn gesehen hätten
> = s'ils l'avaient vu
> = if they had seen him

*Note 2:*
Cette forme appartient surtout à la ville de Luxembourg, ailleurs les formes EIS, EISER l'emportent

*Note 2:*
This is the form of the capital, elsewhere EIS, EISER are the most common

*Note 3:*
On emploie le génitif après un petit nombre de verbes

*Note 3:*
The genitive is used after a limited number of verbs

> Ech brauch denger net
> = ich brauche deine Dienste nicht
> = je n'ai pas besoin de tes services
> = I do not need your help

> Et muss ee sech senger schummen
> = man muss sich seiner schämen
> = on doit avoir honte de lui
> = one has to be ashamed of him

| PRONOMS RÉFLÉCHIS | REFLEXIVE PRONOUNS |

Il n'existe qu'une seule forme spéciale pour la 3ᵉ personne du singulier et du pluriel au nominatif et à l'accusatif

Only one special form exists for the 3rd person singular and plural in the nominative and accusative

    Si hunn sech gär
        = sie lieben sich
        = ils s'aiment
        = they love one another

    Hie léisst sech näischt soen
        = er lässt sich nicht belehren
        = il n'accepte aucun conseil
        = he doesn't accept any advice

Autrement ce sont les pronoms personnels à l'accusatif et au génitif (éventuellement) renforcés par SELWER

In all other cases we use the personal pronouns in the accusative form (or occasionally in the genitive) emphasized by SELWER

| | | | |
|---|---|---|---|
| *Acc. sg.* | mech (selwer) | dech | sech |
| *Acc. pl.* | ons, eis | iech | sech |
| *Gén. pl.* | menger | denger | senger |
| *Gén. pl.* | onser, eiser | ärer | hirer |

La réciprocité peut s'exprimer aussi de la manière suivante

Reciprocity may also be expressed like this

    Si hate Sträit *ënner eneen* (enaner)
        = sie stritten unter einander
        = ils se querellaient entre eux
        = they quarrelled (among themselves)

    Een huet *deen anere* geschloen (acc.)
        = einer schlug den andern
        = ils se sont battus l'un l'autre
        = they hit one another

    Een huet *deem anere* Frechheete gemat (dat.)
        = einer machte dem anderen Frechheiten
        = ils se sont injuriés mutuellement
        = they insulted each other

| ADJECTIFS ET PRONOMS POSSESSIFS | POSSESSIVE ADJECTIVES AND PRONOUNS |
|---|---|
| Le possessif est dérivé du génitif du pronom personnel. Il varie donc | Deriving from the genitive case of the personal pronoun, the possessive adjective and pronoun vary according to |
| 1) avec la personne et le nombre et le genre du propriétaire | 1) the person, number and gender of the owner |
| 2) avec le cas, le nombre et le genre de l'objet possédé | 2) the case, number and gender of the thing possessed |

A. *un seul propriétaire* / *one owner*

*un objet possédé/one thing possessed (= TP)*
*genre/gender of TP*

*plusieurs objets possédés* / *several things possessed*

|  | masc. | fém. | neutre |  |
|---|---|---|---|---|
| 1ʳᵉ pers. | mäi(n) | meng | mäin(t) | meng (mon, ma, mes – my) |
| 2ᵉ pers. | däi(n) | deng | däin(t) | deng (ton, ta, tes – your) |
| 3ᵉ pers. m+n | säi(n) | seng | säin(t) | seng (son, sa, ses – his, its) |
| 3ᵉ pers. fém. | hire(n) | hir | hiert | hir (son, sa, ses – her) |

B. *plusieurs propriétaires* / *several owners*

|  | masc. | fém. | neutre |  |
|---|---|---|---|---|
| 1ʳᵉ pers. | onsen, eisen | ons, eis | onst, eist | ons, eis (notre, nos – our) |
| 2ᵉ pers. | ären | är | äert | är (votre, vos – your) |
| 3ᵉ pers. | hiren | hir | hiert | hir (leur, leurs – their) |

Pour le cas du *datif* nous trouvons les variations suivantes

For the *dative case* we get the following variations

|  | masc. | fém. | neutre | pluriel |  |
|---|---|---|---|---|---|
|  | mengem | menger | mengem | mengen |  |
|  | dengem | denger | dengem | dengen |  |
|  | sengem | senger | sengem | sengen |  |
|  | hirem | hirer | hirem | hiren |  |
| et pour le *génitif* | menges | menger | menges | menger | and for the *genitive* |
|  | denges | denger | denges | denger |  |
|  | senges | senger | senges | senger |  |
|  | hires | hirer | hires | hirer |  |

*Remarque:*

*Note:*

Si nous ajoutons un t à 1, 2, 3 au neutre, nous obtenons le *pronom* possessif (employé sans nom)

If we add a t to 1, 2, 3 in the neuter we get the possessive *pronoun* (used without a noun)

> Dëst Haus ass mäint
> = dieses Haus ist das meine
> = cette maison est la mienne
> = this house is mine

L'adjectif féminin peut également être employé comme pronom

The feminine adjective is also used as a pronoun

    Dës Maschinn ass meng
        = diese Maschine gehört mir
        = cette machine (voiture) m'appartient
        = this car is mine

Dans la comparaison, nous retrouvons et l'adjectif et le pronom possessif

In the comparison both the possessive adjective and the pronoun are found

    Mäi Buch ass méi deier wéi däint
        = mein Buch ist teurer als das deinige
        = mon livre est plus cher que le tien
        = my book is more expensive than yours

    Mäi Meedchen ass net esou al wéi säint
        = meine Tochter ist nicht so alt wie seine (oder ihre)
        = ma fille n'est pas aussi âgée que la sienne
        = my daughter is not so old as his (or hers)

*Dat ass fir d'Kaz*

# PRONOM DÉMONSTRATIF / DEMONSTRATIVE PRONOUN

L'article défini est toujours atone en luxembourgeois. Mais il existe des formes toniques de l'article défini qui remplacent *e* neutre par *ee* fermé, *ä* ouvert ou *éi;* elles remplissent la fonction de démonstratifs.

The definite article is always unstressed in Luxembourgish. But there exist tonic or emphatic forms of it which replace neutral *e* by a closed *ee,* open *ä* by *éi.* Their function is that of demonstrative pronoun.

Elles s'emploient notamment avec des substantifs accompagnés d'adjectifs.

They are used especially with nouns qualified by an adjective.

Ex.:

1) Article défini (atone) / Definite article (unstressed form)

Ech gesinn *den* Hond net.
Ich sehe den Hund nicht.
Je ne vois pas le chien.
I don't see the dog.

2) Pronom démonstratif (tonique) / Demonstrative pronoun (stressed form)

Ech wëll *deen* ellenen Hond net.
Ich will diesen hässlichen Hund nicht.
Je ne veux pas de ce vilain chien.
I don't want this ugly dog.

| Formes | masc. | fém. | neutre | plur. |
|---|---|---|---|---|
| Nominatif (common case) | deen | déi | dat | déi |
| Datif | deem | där | deem | deenen |
| Génitif | dees | där | dees | där |

*Remarque: / Note:*

Si l'on oppose 2 personnes ou 2 objets ou 2 groupes de pers. ou d'objets, on précise le pronom démonstratif à l'aide des adverbes *hei, elei* (fr. *ci*) et *do, elo* (fr. *là*) comme en français.

In contrasting 2 persons or 2 objects or 2 groups of persons or objects, we add the particles *hei, elei,* for *"this"* and *do, elo,* for *"that".*

Ces adverbes étant considérés comme adjectifs, on leur ajoute souvent la désinence *-ten,* et on les décline.

As these particles are considered as adjectives, they may get the ending *-ten* and decline like adjectives.

| Ex.: | deen heiten | deen doten | deen Apel hei | deen do |
|---|---|---|---|---|
| | dieser hier | jener dort | dieser Apfel hier | jener dort |
| | celui-ci | celui-là | cette pomme-ci | celle-là |
| | this one here | that one over there | this apple | that one |

'Hei' et 'do' peuvent précéder ou suivre leur nom, on peut dire

'Hei' and 'do' can precede or follow their noun. So we can say

ou / or

déi hei Maschinn, déi do Fieder
déi Maschinn hei, déi Fieder do

Il existe un second démonstratif pour désigner la personne ou l'objet le plus proche.

For 'deen hei' i.e. for somebody who or something that is near, Luxembourgish also uses

|  | m. | f. | n. |
|---|---|---|---|
|  | dësen | dës | dëst |

Sa flexion est pareille à l'adjectif.

which decline like adjectives.

*Ex.:* Dësen Hutt passt besser bei dat Kleed do ewéi bei dëst.
Dieser Hut passt besser zu jenem Kleid dort wie zu diesem.
Ce chapeau va mieux avec cette robe-là qu'avec celle-ci.
This hat suits that dress there better than this one.

Wat fir Knippercher schmaachen der besser, déi hei oder déi do?
Welche Pralinen schmecken dir besser, diese hier oder jene?
Quelles pralines préfères-tu, celles-ci ou celles-là?
Which chocolate sweets do you like best, these here or those (over there)?

Il existe en luxembourgeois un démonstratif *partitif* comparable à l'article partitif français de, du de la, des.

Luxembourgish also possesses a *partitive* pronoun the function of which corresponds more or less to that of the French partitive article.

| singulier masc. et neutre | = däers, dees |
|---|---|
| féminin | = där, déier, deer |
| pluriel | = där, déier, deer |

Il s'emploie pronominalement (seul) ou combiné à un substantif.

It can be used alone or in combination with a noun.

*Ex.:* Hutt der nach däers gudde Botter? (deer gudder Rahm?)
Haben sie noch von dieser guten Butter? (dieser guten Sahne?)
Est-ce qu'il vous en reste de ce bon beurre? (de cette bonne crème?)
Do you still have some of this good butter? (this good cream?)

Wann der däers kee méi hutt, da gitt mer alt däers aneren.
(fém. = deer keng ... deer anerer)
Wenn ihr keine von dieser Sorte mehr habt, gebt mir halt welche von der andern Sorte.
S'il ne vous en reste plus de cette sorte, donnez-m'en une autre sorte.
If you don't have any of this left, give me some of the other brand (or quality).

Le pronom démonstratif *deen, déi, dat* sert de *pronom relatif* dans la fonction de *qui* aussi bien que dans la fonction de *celui qui*.

The demonstrative pronoun *deen, déi, dat* is used also as the *relative pronoun*, rendering both the French *qui* and *celui qui*.

*Ex.:* De Mann dee bei dech koum, a mat deems de geschwat hues, huet scho fofzeg Joer.
Der Mann der zu dir kam und mit dem du sprachst, ist schon 50 Jahre alt.
L'homme qui est venu te voir et à qui tu as parlé, a déjà 50 ans.
The man who called on you and whom you spoke to, is already fifty.

Deen dat mengt, (deen) iert sech.
Wer das glaubt, irrt.
Celui qui croit cela, se trompe.
He who believes this, is mistaken. (Whoever)

# LE PRONOM INTERROGATIF / THE INTERROGATIVE PRONOUN

se réduit à 3 formes: / limits itself to 3 forms:

nominatif et accusatif masculin = *wien*
datif masculin = *wiem*
nominatif et accusatif neutre = *wat*

Ex.:  Wien ass do?         A wiem sees d'et?
      Wer ist da?          Und wem sagst du das?
      Qui est là?          À qui le dis-tu?
      Who is there?        Whom are you telling?

Wat gëtt et Neis an der Welt?
Was gibt's Neues auf der Welt?
Qu'y a-t-il de nouveau sur le globe?
What's the news in the world?

L'adjectif interrogatif / The interrogative adjective

m. wellechen
f. wellech
n. wellecht
(cf. français: *quel?*) / (cf. anglais: *which?*)

est généralement remplacé par une circonlocution formée par « wat fir » + l'article indéfini. / is usually replaced by a circumlocution consisting of "wat fir" plus the indefinite article.

Ex.:  Wat *fir* eng Kamell häss de gären?
      Welches Bonbon willst du?
      Quel bonbon est-ce que tu veux?
      Which sweet would you like?

      Wat sinn dat fir Manéiren?
      Was sind das für Manieren?
      Quelles sont ces manières?
      What manners are these?

*Wéi dacks gesitt Dir säi Papp?*

*Expressions idiomatiques*                                    *Idioms*

Ex.: Wéi heescht en?  ⎫  Wie heißt er?              Comment s'appelle-t-il?        What's his name?
     Wéi ass säin Numm ⎭

     Wéi al ass en?              Wie alt ist er?              Quel est son âge?              How old is he?

     Zënter wéini kenns          Seit wann kennst du sie?     Depuis quand la (les)          Since when have you
     de se?                                                   connais-tu?                    known her (them)?

     Wéi dacks gesitt            Wie oft seht ihr seinen      Est-ce que vous voyez          How often do you see his
     dir säi Papp?               Vater?                       son père souvent?              father?

     Fir wat ass hien haut       Warum ist er heute nicht     Pourquoi n'est-il pas ici      Why isn't he here today?
     net hei? (wuerfir)          hier?                        aujourd'hui?

*Fir wat ass hien haut net hei?*

| L'INTERROGATION | | ASKING QUESTIONS |
|---|---|---|
| Wien? | qui? (nom. et acc.) | who? (whom) |
| Wiem? | à qui? (dat.) | to whom? |
| Wat? | quoi? | what? |
| Wou? | où? (position) | where (rest) |
| Wuer? | où? (direction) | where? (to) (direction) |
| Wat fir ee(n) Mann? oder (welleche?) | quel? (lequel) | what (kind of), which? |
| Wat fir eng Fra? (oder) wellech Fra? | quelle? laquelle? | what (kind of), which? |
| Wat fir engt (ee) Meedchen (wellecht)? | lequel ou laquelle (devant les noms neutres) | idem before neuter nouns |
| Wéi? | comment? | how? |
| Wéivill? | combien? | how many? |
| Wéini? | quand? | when? |
| Wuerfir? | pourquoi? | why? |
| Fir wat? | pourquoi? | why? |
| Woumat? | avec quoi? | with what? |
| Woumadder? | avec quoi? | with what? |
| Zënter wéini? | depuis quand? | since when, how long? |
| Wéi oft (dacks)? | combien de fois? | how often? |
| Wéi grouss? | de quelle grandeur? | how large? |
| Wiem säin (seng, sengt)? | de qui? | whose? |

| *Beispill:* | *Exemple:* | *Example:* |
|---|---|---|
| Wien ass et? | Qui est-ce? | Who is it? |
| Wiem gëss du d'Buch? | À qui donnes-tu le livre? | Whom do you give the book to? |
| Woumat schreift dir? | Avec quoi écrivez-vous? | What do you write with? |
| Wiem säin Auto geet net? | La voiture de qui ne fonctionne pas? | Whose car doesn't work? |
| Firwat ass hien net komm? | Pourquoi n'est-il pas venu? | Why hasn't he come? |
| Wéi heeschs du? | Comment t'appelles-tu? | What's your name? |

*Règle:*     *Rule:*

Dans une question le verbe précède le sujet, c'est-à-dire il y a inversion.

In a question the verb precedes the subject i.e. inversion takes place.

| Hunn ech dat gemat? | Ai-je fait ça, moi? | Did I do that? |
|---|---|---|
| Sidd dir hongreg? | Avez-vous faim? | Are you hungry? |

## LES NOMS ET EXPRESSIONS INDÉFINIS

## INDEFINITE PRONOUNS AND EXPRESSIONS

| L. | NHG | F. | E. |
|---|---|---|---|
| een, eng, eent | = jemand, einer | = quelqu'un, quelque | = somebody |
| ee(n) (inpersonal) | = man | = on | = one |
| keen, keng, keent | = niemand, keiner | = personne | = nobody |
| eppes | = etwas | = quelque chose | = something |
| näischt | = nichts | = rien | = nothing |
| vill | = viel | = beaucoup | = much, many |
| e puer | = ein paar | = quelques-uns | = a few, some |
| etlech | = mehrere | = plusieurs | = several |
| jiddereen | = ein jeder | = (un) chacun | = each, every |
| all, alleguer | = alle | = tous | = all, every |
| alles (collectif) | = alles | = tout | = everything |
| ganz (adj. suivi du sing.) ganz (adj. followed by the sing.) | = ganz | = tout | = all |
| e wéineg, e bësschen | = ein bisschen, ein wenig | = un peu | = a little |
| e gewëssen Här X | = ein gewisser Herr X | = un certain Monsieur X | = a certain Mr. X |
| openaner, een um aneren | = aufeinander | = l'un sur l'autre, l'un à la suite de l'autre | = one close to the next, one after the other |
| déi meescht | = die meisten | = la plupart | = most |
| e groussen Deel | = ein großer Teil | = une grande partie | = a great many |

*Remarque:*

Le pronom EEN joue le rôle du français ON et de l'allemand MAN. Généralement EEN suit le verbe. La première place est occupée par le pronom indéterminé explétif ET, 'T.

*Note:*

The pronoun EEN fulfils the function of the French ON and of the German MAN. Generally EEN follows the verb. The undetermined expletive ET, 'T takes the first place.

't schafft ee sech futti an 't verdéngt een näischt
= man arbeitet sich kaputt und verdient nichts
= on se tue à la besogne et on ne gagne rien
= you are working yourself to death and you aren't earning anything

't mengt ee grad, 't wier een de Rescht vun näischt
= man könnte glauben, man sei der letzte Abschaum der Menschheit
= vous croiriez être le dernier des hommes
= you might believe yourself to be the last of mankind
you might believe yourself to be the most despicable person on earth

E soll engem seng Rou loossen
E soll een a Rou loossen
= er soll die Leute in Ruhe lassen
= il n'a qu'à laisser les gens tranquilles
= he should leave people alone (quiet)

*Expressions idiomatiques*               *Idioms*

Wat ass dat do eng (scilicet Geschicht, Affär, Ausried)!
  = welche Geschichte, Ausrede
  = quelle histoire, quelle affaire, quel prétexte
  = what a tall story

Hal de Mond, soss kriss d'eng drop (Ouerfei)!
  = halte den Mund, sonst bekommst du eine Ohrfeige
  = tais-toi, sinon t'auras une bonne gifle
  = shut up or I'll box your ears

Ech brauch kengem senger (sc. Hëllef)
  = ich brauche niemandes Hilfe
  = je n'ai besoin de personne
  = I don't need anybody's help

Dat do ass eppes an och näischt
  = das ist ja getanzt wie gesprungen
  = cela ne nous avance guère
  = this doesn't get us any further, does it?

Si souzen openeen ewéi d'Hierken an der Tonn
  = sie saßen aufeinander wie Heringe in der Tonne
  = ils étaient entassés les uns sur les autres comme des harengs dans le tonneau
  = they were piled (tacked) up like herrings in the barrel
    (squashed in like sardines)

*Wat ass dat do eng!*

# LE NUMÉRAL                    NUMBERS

*Cardinal*

| | | | |
|---|---|---|---|
| 1 = een, eng, eent | | 100 = honnert, een honnert | |
| 2 = zwee, zwou | | 101 = honnertaneen | |
| 3 = dräi | | 102 = honnertanzwee | |
| 4 = véier | | | |
| 5 = fënnef | | 200 = zweehonnert | |
| 6 = sechs | | 300 = dräihonnert | |
| 7 = siwen | | 400 = véierhonnert | |
| 8 = aacht | | 500 = fënnefhonnert | |
| 9 = néng | | 600 = sechshonnert | |
| 10 = zéng | | 700 = siwenhonnert | |
| 11 = eelef | | 800 = aachthonnert | |
| 12 = zwielef | | 900 = nénghonnert | |
| 13 = dräizéng | | | |
| 14 = véierzéng | | 1.000 = dausend | |
| 15 = fofzéng | | 2.000 = zweedausend | |
| 16 = siechzéng | | 3.101 = dräidausend eenhonnert an een | |
| 17 = siwwenzéng | | 5.389 = fënnefdausend dräihonnert nénganachtzeg | |
| 18 = uechtzéng | | | |
| 19 = nonzéng | | 1.000.000 = eng Millioun | |
| 20 = zwanzeg | | 2.000.000 = zwou Milliounen | |
| 21 = eenanzwanzeg | | 3.000.000 = dräi Milliounen | |
| 22 = zweeanzwanzeg | | | |
| 23 = dräianzwanzeg | | 14.701 = véierzéngdausend siwenhonnertaneent | |
| 24 = véieranzwanzeg | | | |
| 25 = fënnefanzwanzeg | | 365.218 = dräihonnertfënnefasechzegdausend zweehonnert uechtzéng | |
| 26 = sechsanzwanzeg | | | |
| 27 = siwenanzwanzeg | | | |
| 28 = aachtanzwanzeg | | 365.218.015 = dräihonnertfënnefasechzeg Milliounen zweehonnertuechtzéngdausend a fofzéng | |
| 29 = nénganzwanzeg | | | |
| 30 = drësseg | | | |
| 31 = eenandrësseg | eemol | = une fois | = once |
| 40 = véierzeg | zweemol | = deux fois | = twice |
| 50 = fofzeg | dräimol | = trois fois | = three times |
| 60 = sechzeg | | | |
| 70 = siwwenzeg | | | |
| 80 = achtzeg | | | |
| 90 = nonzeg | | | |

*Ordinal*

| | | | |
|---|---|---|---|
| den éischte Präis<br>(Preis<br>prix<br>prize) | déi éischt Pai<br>(Lohn<br>paye<br>payment) | dat éischt Kleed<br>(Kleid<br>robe<br>dress) | 1 |
| den zweeten Auto<br>(Wagen<br>voiture<br>car) | déi zweet Schmier<br>(Butterbrot<br>tartine<br>bread and butter) | dat zweet Kand<br>(Kind<br>enfant<br>child) | 2 |
| den drëtten Dag<br>(Tag<br>jour<br>day) | déi drëtt Stonn<br>(Stunde<br>heure<br>hour) | dat drëtt Bild<br>(Bild<br>image<br>picture) | 3 |
| de véierte Programm<br>(Programm<br>programme<br>program) | déi véiert Statioun<br>(Bahnhof<br>gare<br>station) | dat véiert Haus<br>(Haus<br>maison<br>house) | 4 |
| de fënnefte Mount<br>(Monat<br>mois<br>month) | déi fënneft Strooss<br>(Straße<br>rue<br>street) | dat fënneft Geschäft<br>(Geschäft<br>magasin<br>shop) | 5 |

| | | |
|---|---|---|
| d'Halschent | = la moitié | = half |
| en Drëttel | = un tiers | = a third |
| e Véierel | = un quart | = a quarter |
| en Zéngtel | = un dixième | = a tenth |
| en Honnertstel | = un centième | = a hundredth |

$5 \times 7 = 35$  fënnef mol siwen ass fënnefandrësseg
$6 : 2 = 3$  sechs dividéiert (gedeelt) duerch zwee ass dräi
$6 + 2 = 8$  sechs plus (an) zwee ass aacht
$10 - 3 = 7$  zéng minus (wéineger) dräi ass siwen

Dat kënnt op eent eraus   = das kommt auf dasselbe heraus
cela revient au même
that comes to one and the same

en huet fofzéng Joer, en ass fofzéng Joer al   = er hat 15 Jahre
il est âgé de 15 ans
he is 15

N.B.  De wivillte war hien?
Quelle place obtint-il?
How was he placed?

den 28ten = den aachtanzwanzegsten
de 40ten = de véierzegsten
den 91ten = den eenanonzegsten
den 114ten = den honnertvéierzéngten
den 126ten = den honnertsechsanzwanzegsten

# L'ADJECTIF

Comme le substantif, l'adjectif luxembourgeois ne permet pas de distinguer avec la netteté de la grammaire allemande entre la déclinaison forte (ou pronominale) et la déclinaison faible. En règle générale les adjectifs ne sont déclinés que s'ils sont épithètes ou s'ils sont substantives.

# THE ADJECTIVE

Like the noun, the adjective in Luxembourgish cannot be clearly divided into a weak or a strong declension (as is the case in German grammar). As a rule adjectives are only declined if they are used attributively or if they are used as nouns.

Ex.: jong  = jung, jeune, young

|      | masc.       | fém.   | neutre      | pluriel |
|------|-------------|--------|-------------|---------|
| Nom. | jongen      | jong   | jongt       | jong    |
| Gén. | jongen(-em) | jonger | jongen      | jonger  |
| Dat. | jongen(-em) | jonger | jongen(-em) | jongen  |
| Acc. | jongen      | jong   | jongt       | jong    |

1. *Adjectif épithète*
   (qui précède le nom)

a) l'adjectif épithète est invariable devant un *substantif* féminin (singulier, sujet ou complément direct) et devant *tous* les substantifs au pluriel (sujet ou complément direct):

déi al Fra

déi kleng Leit

b) l'adjectif épithète se termine par -t devant un substantif neutre (singulier, sujet ou complément direct)

e klengt Kand

e staarkt Gedrénks

c) l'adjectif épithète se termine par -er devant un substantif féminin employé au singulier comme complément indirect

Ech ginn deer jonger Fra d'Buch

Le génitif est surtout employé après les numéraux, les expressions de quantité et de mesure ou les pronoms partitifs et peut se substituer dans tous les cas du pluriel aux autres désinences, cf. les trois possibilités dans l'exemple suivant.

1. *Attributive adjective*
   (wich precedes the noun)

a) the attributive adjective doesn't vary before a feminine *noun* (singular, subject or direct object) or before *all* nouns in the plural (subject or direct object):

= die alte Frau
= la vieille femme
= the old lady

= die kleinen Leute
= les petites gens
= the small people

b) the attributive adjective ends in -t before a neuter noun (singular, subject or direct object)

= ein kleines Kind
= un petit enfant
= a small child

= ein starkes Getränk
= une boisson forte
= a strong drink

c) the attributive adjective ends in -er before a feminine noun used in the singular as an indirect object

= je donne le livre à la jeune femme
= I give the book to the young woman

The genitive is used especially after numerals, words of quantity and measure or the partitive pronoun. It can replace other endings in any case of the plural, cf. the three possibilities in the following example.

Si ass mat dräi grousse Kierf voll fréscher Eeër op de Maart gaang

    mat dräi grousse/grouss/grousser Kierf
= mit drei großen Körben
= avec trois grands paniers
= with three big baskets

d) Au datif singulier l'adjectif épithète employé seul devant un nom masculin ou neutre, se termine en -em

    mat propperem Waasser wäschen
= mit sauberem Wasser waschen
= laver à l'eau propre
= to wash in clean water

MAIS:

    wat maache mir mat deem ville proppere Waasser
= was machen wir mit dem vielen sauberen Wasser?
= qu'allons-nous faire de toute cette eau propre?
= what are we going to do with all that clean water?

d) In the dative singular the attributive adjective used alone before a masculine or neuter noun, ends in -em

BUT:

e) Dans tous les autres cas l'adjectif épithète se termine en -en (qui peut perdre son n final)

    Den décke Metzler
= der dicke Metzger
= le gros boucher
= the big butcher

    Hie freit mat engem räiche Meedchen
= er freit ein reiches Mädchen
= il courtise une riche jeune fille
= he is going steady with (courts) a rich young lady

e) In all the other cases the attributive adjective ends in -en (mobile n!)

## 2. Adjectif attributif

L'adjectif employé seul (sans article) et relié au sujet à l'aide d'un verbe attributif – p. ex.

| | | | |
|---|---|---|---|
| sinn | = sein | ginn | = werden |
| | = être | | = devenir |
| | = to be | | = to become |

reste invariable.

    De Monni gëtt all Dag méi al
= der Onkel wird jeden Tag älter
= l'oncle vieillit de jour en jour
= the uncle gets older every day

    Dës Stëfter gi liicht dreckeg
= diese Stoffe werden leicht schmutzig
= ces tissus salissent facilement
= these fabrics get dirty easily

## 2. The predicative adjective

The adjective used alone without an article and linked to its subject by a predicative verb such as

| | | | |
|---|---|---|---|
| schéngen | = scheinen | bleiwen | = bleiben |
| | = sembler | | = rester |
| | = to seem | | = to remain |

doesn't change.

## 3. L'adjectif employé comme substantif

a) Au génitif pluriel et au nominatif pluriel et à l'accusatif pluriel il se termine toujours par -en.

    En huet e puer Säfteger zum Beschte ginn
= litt. er hat ein paar kräftige (saftige) Witze zum Besten gegeben
= il nous a raconté quelques bons mots solides
= he told us some savoury (spicy) jokes

    Dat si Schlechter
= das sind schlechte Menschen
= ce sont de mauvaises gens
= those are bad people

## 3. The adjective used as a noun

a) In the genitive, nominative and accusative of the plural it always ends in -en.

b) Employé comme substantif neutre après les pronoms wat, eppes, näischt et après les adverbes de quantité, l'adjectif se termine par -es

          Wat hues de Schéins?

          Si hunn eppes Jongs

b) Used as a neuter noun after the pronouns wat, eppes, näischt and after adverbs of quantity, the adjective ends in -es

= Was hast du Schönes?
= Qu'as-tu de beau?
= What beautiful thing have you got there?

= Sie haben Nachwuchs.
= Ils ont de la progéniture.
= They have a child.

*Remarque:*

La forme longue de certains adjectifs enchaîne un léger changement du radical, ainsi le -t final devient -d-

*Note:*

The long form of certain adjectives entails a slight change in the ending of the root, so final -t becomes -d-

    cf.  rout    (rouden),
           gutt    (gudden),

rouge,   red,
bon,      good,

-f devient -w-

or -f becomes -w-

    cf.  déif    (déiwen),
           léif    (léiwen),

profond,  deep,
cher,     dear.

## LES ADJECTIFS LES PLUS EMPLOYÉS    THE MOST FREQUENT ADJECTIVES

| | | | |
|---|---|---|---|
| kleng | klein | petit | small |
| déck | dick | gros | thick, fat |
| grouss | groß | grand | big |
| dënn | dünn | mince | thin |
| héich | hoch | haut | tall, high |
| déif, niddreg | niedrig, tief | bas | low |
| schéin | schön | beau | fine, beautiful |
| ellen | hässlich | moche, laid | ugly |
| frou | froh | heureux | happy |
| traureg | traurig | triste | sad |
| staark | stark | fort | strong |
| schwaach | schwach | faible | weak |
| schwéier | schwer | lourd, difficile | heavy, difficult |
| liicht | leicht | léger, facile | light, easy |
| frëndlech | freundlich | aimable | kind, friendly |
| léif | lieb | gentil | lovely, nice |
| onfrëndlech | unfreundlich | peu aimable | unkind, unfriendly |
| laang | lang | long | long |
| kuerz | kurz | court, bref | brief, short |
| gescheit | gescheit | intelligent | intelligent, clever |
| domm | dumm | sot | stupid |
| naass | nass | mouillé | wet |
| dréchen | trocken | sec | dry |
| fiicht | feucht | humide | damp |
| aarm | arm | pauvre | poor |
| räich | reich | riche | rich |
| huerteg, séier | schnell | rapide | quick |
| lues | langsam, leise | lent, doux | slow, low |
| haart | hart | dur | hard |
| mëll | weich | mou | soft |
| deier | teuer | cher | expensive, dear |
| bëlleg | billig | bon marché | cheap |
| hell | hell | clair | light |
| däischter | dunkel | sombre | dark |
| lëschteg | lustig | gai | merry |
| witzeg | witzig | spirituel | witty |
| blöd | blöde | fat, pénible | awkward, silly |
| flott | flott | amusant, agréable | enjoyable, nice, pleasant |
| kamoud | bequem | confortable | comfortable |
| onkamoud | unbequem, schwierig | inconfortable, difficile | uncomfortable, touchy |
| schwéierfälleg | schwerfällig | lourdaud | cumbersome, heavy |

## LES ADVERBES

Comme en allemand les adverbes luxembourgeois ont la même forme que l'adjectif et c'est seulement leur place devant le verbe qui indique leur nature.

## THE ADVERBS

As in German Luxembourgish adverbs always have the same form as the adjectives and it is only their position before the verb which indicates their nature.

Ex.: Si huet wonnerbar gesongen
Sie sang wunderbar
Elle a chanté merveilleusement
She sang marvellously

Hien huet gutt geschwat
Er hat gut gesprochen
Il a bien parlé
He spoke well

Et huet elle geroch
Es roch übel
Ça sentait mauvais
It smelled bad

Si hu ganz frëndlech gegréisst
Sie grüßten ganz freundlich
Ils saluèrent très gentiment
They greeted in a very friendly way

*Si hu ganz frëndlech gegréisst*

# LES VERBES

## TEMPS ET MODES

La plupart des verbes n'ont que les formes suivantes:

1) l'indicatif du présent

2) le participe passé (qui permet de former le passé composé et le plus-que-parfait)

3) l'impératif.

Certains verbes ont de plus un prétérit (imparfait) de l'indicatif et le conditionnel (ou imparfait du subjonctif). Il n'y a pas de subjonctif du présent. Les autres temps et modes s'expriment à l'aide des verbes auxiliaires, surtout de HUNN (avoir) et SINN (être). L'infinitif se termine en -en (n mobile!) sauf pour les verbes monosyllabiques GINN (donner, devenir), HUNN, SINN. L'infinitif est précédé de la particule ZE:

> ze goen,

Tout d'abord il s'agit de se familiariser avec les deux verbes auxiliaires les plus importants:

# THE VERBS

## TENSES AND MOODS

Most verbs have only three forms:

1) the present of the indicative

2) the past participle (which allows us to form the conversational past or present perfect and the pluperfect)

3) the imperative.

Certain verbs however still have a preterite (past tense) and the conditional (past of the subjunctive). There is no present of the subjunctive. The other tenses and moods are expressed by means of auxiliary verbs, mainly HUNN (to have) and SINN (to be). The infinitive ends in -en (mobile n!) except the monosyllabic verbs GINN (to give, to get, to become). The infinitive is preceded by the particle ZE:

> ze schreiwen

First it is necessary to know the two most important auxiliaries:

## SINN

| *Présent* | *Prétérit* |
|---|---|
| Ech sinn (ich bin | war (ich war |
| je suis | j'étais |
| I am) | I was) |
| du bass | waars |
| hien ass | war |
| mir sinn | waren |
| dir sidd | waart |
| si sinn | waren |
| *Participe passé:* gewiescht | (gewesen |
| | été |
| | been) |

*Conditionnel:*

| SINN | Ech wier | (wär) |
| | du wiers | (wäers) |
| | hie wier | (wär) |
| | mir wieren | (wären) |
| | dir wiert | (wäert) |
| | si wieren | (wären) |

= ich würde (wäre) sein = je serais = I should be

## HUNN

| *Présent* | *Prétérit* |
|---|---|
| Ech hunn (ich habe | hat (ich hatte |
| j'ai | j'avais |
| I have) | I had) |
| du hues | has |
| hien huet | hat |
| mir hunn | haten |
| dir hutt | hat |
| si hunn | haten |
| *Past participle:* gehat | (gehabt |
| | eu |
| | had) |

*Conditional:*

| HUNN | Ech hätt |
| | du häss |
| | hien hätt |
| | dir hätt |
| | si hätten |

= ich hätte = j'aurais = I should have

Les formes du conditionnel (ou subjonctif imparfait) de ces deux verbes combinées au participe passé d'autres verbes, forment le subjonctif du plus-que-parfait de ces derniers verbes.

The conditional of these two auxiliaries combined with the past participle of other verbs, form the pluperfect of the subjunctive of the latter.

Ex.: Ech wier dohinner gaang
= ich wäre dorthin gegangen
j'y serais allé
I'd have gone there

Ech hätt dat gär gesinn
= ich hätte das gern gesehen
j'aurais voulu voir cela
I'd have liked to see that

À l'indicatif ils entrent dans le passé composé et le plus-que-parfait.

In the indicative voice the twoo auxiliaries enter into the present perfect and the pluperfect.

Ex.: Ech si spéit opgestanen
= ich bin spät aufgestanden
je me suis levé tard
I got up late

Du hues d'Wourecht gesot
= du hast die Wahrheit gesagt
tu as dit la vérité
you spoke the truth

*Indicatif plus-que-parfait*

*Indicative pluperfect:*

Du waars verreest
= du warst verreist
tu étais parti en voyage
you were away on travel

Si haten ze laang gewaart
= sie hatten zu lange gewartet
ils avaient trop attendu
they had been waiting too long

DISTINGUEZ:

DISTINGUISH:

*Conditionnel présent*

*Conditional present*

Am Noutfall wier ech och do
= im Notfall würde ich auch da sein
en cas d'urgence j'y serais aussi
in case of urgent need I should be there, too

ET:

AND:

*Subjonctif plus-que-parfait (conditionnel du passé)*

*Subjunctive pluperfect*

Am Noutfall wier ech och do gewiescht
= im Notfall würde ich auch dort gewesen sein
en cas d'urgence j'y aurais été aussi
in case of urgent need I should have been there, too

DISTINGUEZ AUSSI:

DISTINGUISH ALSO:

*Conditionnel présent* (formé à l'aide de l'auxiliaire GOEN ou GINN)

*Conditional present* (using the auxiliary GOEN or GINN)

Ech géing (géif) dohinner goen
= ich würde dorthin gehen
j'y irais
I should go there

et

and

*Conditionnel du passé* (subjonctif du plus-que-parfait) formé à l'aide de l'auxiliaire SINN

*Conditional past* (using the auxilary SINN)

Ech wier dohinner gaangen wann...

= ich wäre dorthin gegangen wenn...
j'y serais allé si...
I should have gone there if...

*Remarque:*

Les formes « wär » et « hätt » du conditionnel (ou subjonctif) de SINN et de HUNN se trouvent aussi dans le *discours indirect* qui rapporte les constatations, les questions, les sentiments et les intentions d'un tiers sous forme de propositions dépendantes.

*Note:*

We also meet the forms of "wär" and "hätt" in *reported speech* which expresses the statements, questions, feelings, and intentions of a third person in the form of secondary clauses.

Hie seet hie wär krank

= er sagt er sei krank
il dit qu'il est malade
he says he is ill

Hie mengt, ech hätt gëschter näischt geschafft

= er glaubt ich hätte gestern nichts gearbeitet
il croit que je n'ai rien fait hier
he believes I didn't do anything yesterday

*Formes de l'impératif*

sg.: sief roueg     = sei ruhig
     hëff Gedold    = hab Geduld

pl.: sidd zefridden       = seid zufrieden
     hutt (hieft) Gedold  = habet Geduld

*Forms of the Imperative*

= sois tranquille      = be quiet
= aie de la patience   = have patience

= soyez contents       = be content
= ayez de la patience  = have patience

*Hëff Gedold*

GINN (= geben = donner = to give)

| *Présent* | *Prétérit* |
|---|---|
| Ech ginn (ich gebe | Ech gouf (ich gab |
| je donne | je donnai, je donnais, j'ai donné |
| I give) | I gave) |
| du gëss | du goufs |
| hie gëtt | hie gouf |
| mir ginn | mir goufen |
| dir gitt | dir gouft |
| si ginn | si goufen |

1) Il sert à former la *voix passive*  1) It is used to form the *passive voice*

    Ex.: Ech gi bestroft = ich werde bestraft
    je suis puni
    I am punished

    Mir ginn an d'Stad gefouert = wir werden zur Stadt gefahren
    on nous conduit en ville
    we are driven to town

    Mir goufen duerch d'ganzt Duerf geschleeft = wir wurden durchs ganze Dorf geschleppt
    on nous traînait à travers tout le village
    we were dragged through the whole village

    Si goufen zum Doud verurteelt = sie wurden zum Tode verurteilt
    ils furent condamnés à mort
    they were sentenced to death

2) Il sert à former le *conditionnel* et le *subjonctif imparfait* de la plupart des verbes.  2) It also enters into the formation of the *conditional* and *past subjunctive* of most verbs.

    Ex.: Ech géif der et soen = ich würde dir es sagen
    je te le dirais
    I should tell you about it

    du géifs mir et soen
    hie géif der et soen
    mir géifen hinnen et soen
    dir géift eis et soen
    si géifen der et soen

Dans cet emploi GINN est souvent concurrencé par le conditionnel du verbe GOEN (= gehen, aller, to go) (voir plus loin)  In this instance GINN may be paralleled by the conditional of the verb GOEN (= gehen, aller, to go) (cf. below)

    Ech géing
    du géings
    hie géing
    mir géingen
    dir géingt
    si géingen

Donc on peut dire aussi bien  We can say both

    Ech géing der et soen

que  and

    Ech géif der et soen

Un troisième parallèle, celui du conditionnel du verbe DOEN se fait de plus en plus rare.

    Ech déit dat gär gesinn

= ich würde das gerne sehen
j'aimerais voir ça
I should like to see that

    du déits dat gär gesinn
    hien déit dat gär gesinn, etc.

3) Il sert à exprimer un vœu, une préférence lorsqu'il est suivi de l'adverbe GÄR(EN) = gerne = je voudrais, j'aime bien = I should like to; du comparatif LÉIWER = lieber = mieux, plutôt = rather, better; et du superlatif AM LÉIFSTEN = am liebsten, = best.

3) GINN expresses a wish or a preference when followed by the adverb GÄR(EN) = gerne = je voudrais, j'aime bien = I should like to; the comparative LÉIWER = lieber = mieux, plutôt = rather, better; and the superlative AM LÉIFSTEN = am liebsten = best.

    Géingt (géift) dir gären e Filter drénken?

= würdet ihr gerne einen Filterkaffee trinken?
aimeriez-vous un café-filtre?
would you like a coffee?

    Neen, ech hätt léiwer eng Drëpp

= Nein, ich hätte lieber einen Schnaps
Non, je préférerais une fine
No, I'd rather have a brandy

    Am léifsten hätt ech e Quetsch

= am liebsten hätte ich einen Quetsch
j'aimerais le mieux un Quetsch
I'd like a Quetsch best

4) Formes de l'impératif et du participe passé

4) Forms of the imperative and the past participle

    *sing.:* gëff (déi) gutt Uecht

= gib gut Acht
fais bien attention
pay (good) attention

    déi der net wéi

= tue dir nicht weh
ne te fais pas mal
don't hurt yourself

    *plur.:* gëft, gitt
    déit

5) Participe passé

5) Past participle

    Du hues der keng Méi ginn

= du hast dir keine Mühe gegeben
tu ne t'es pas donné de mal (tu n'as pas fait d'effort)
You did not make any effort (take the trouble to...)

    Wat hunn ech der gedon?

= was habe ich dir angetan?
que t'ai-je fait?
what did I do to you?

Pour le conditionnel, voir plus haut.

For the conditional, see above.

Le verbe GOEN (aller, to go) | The verb GOEN (aller, to go)

*Présent* | *Prétérit* | *Passé composé (Present perfect)*

| | | |
|---|---|---|
| Ech ginn (ich gehe) | Ech goung (gong) | Ech si gaang(en) |
| du geess (du gehst) | du gongs | du bass gaang(en) |
| hie geet (er geht) | hie gong | hien ass gaang(en) |
| mir ginn (wir gehen) | mir gongen | mir sinn gaang(en) |
| dir gitt (ihr geht) | dir gongt | dir sidd gaang(en) |
| si ginn (sie gehen) | si gongen | si si gaang(en) |

Il sert parfois à exprimer le futur proche comme « aller » en français, « to be going to » en anglais.

Sometimes it may express the near future, like "aller" in French, "to be going to" in English.

Wat geet een an esou engem Fall maachen?

= was wird man in solch einem Fall tun?
que fera-t-on dans pareil cas?
what to do in such a case?

Les auxiliaires ECH SOLL et ECH WÄERT expriment les nuances du potentiel et de l'optatif.

The auxiliaries ECH SOLL and ECH WÄERT express potential and optative situations and ideas.

Ech soll en ni méi rëm gesinn

= vielleicht werde ich ihn nie wieder sehen
peut-être que je ne le verrai plus jamais
I might never see him again

Hie wäert et jo alt net vergiessen

= hoffentlich wird er es nicht vergessen
espérons qu'il ne l'oubliera pas
let's hope he'll not forget about it

Dir wäert dat dach net maachen

= das werdet ihr doch wohl nicht tun
vous n'allez quand même pas faire cela
you won't do that, will you

(= idée de crainte, inquiétude, appréhension)

(= expression of fear, unrest, apprehension)

Ech wäert dir dat bäibréngen

= ich werde dich das lehren
je vous l'apprendrai
I'm going to teach you a lesson

(= idée de menace)

(= idea of threat)

# LES TEMPS

# THE TENSES

*Le présent de l'indicatif*

*The present of the indicative*

Tous les verbes réguliers ont les désinences suivantes

All the regular verbs have the following endings

sing.: 1<sup>re</sup> personne: -en
2<sup>e</sup> personne: -s
3<sup>e</sup> personne: -t

Ech schreiw*en* (ich schreibe, j'écris, I write)
du schreif*s*
hie schreif*t*

plur.: 1<sup>re</sup> personne: -en
2<sup>e</sup> personne: -t
3<sup>e</sup> personne: -en

mir schreiw*en*
dir schreif*t*
si schreiw*en*

Le *n* final est toujours mobile, c'est-à-dire il peut disparaître à l'intérieur de la phrase.

The final *n* is always mobile i.e. it may be dropped within a sentence.

*Remarques importantes:*

A. Il existe un groupe de verbes auxiliaires irréguliers qui n'ont pas de désinence à la première et à la troisième personne du singulier (voir plus loin).

B. Un certain nombre de verbes changent de voyelle de radical aux deuxième et troisième personnes du singulier, et occasionnellement à la deuxième personne du pluriel. C'est le changement vocalique ou la métaphonèse qui a lieu dans quelques verbes dont le radical contient une voyelle sombre, susceptible d'être transformée (cf. l'allemand

*Important notes:*

A. There exist a group of irregular auxiliaries without an ending in the first and third person of the singular (see below).

B. A certain number of verbs change their root-vowel in the second and third person singular and occasionally in the second person of the plural. It is the so-called vowel change phenomenon (metaphony) which takes place in some verbs with a dark vowel in their root (cf. the German

|  |  |  |
|---|---|---|
| ich trage, | du trägst, | er trägt |
| ich stoße, | du stößt, | er stößt |

*Dunn huet en ugefaang ze blären*

# INFINITIF

| 1ʳᵉ personne | 2ᵉ personne | 3ᵉ pers. | G. | F. | E. |
|---|---|---|---|---|---|
| (ech) falen | (du) fäls | (hie) fält | fallen | tomber | to fall |
| lafen | leefs | leeft | laufen | courir | to run |
| kafen | keefs | keeft | kaufen | acheter | to buy |
| maachen | méchs | mécht | machen | faire | to make, to do |
| sprangen | spréngs | spréngt | springen | sauter | to jump |
| klammen | klëmms | klëmmt | klettern | grimper | to climb |
| schlofen | schléifs | schléift | schlafen | dormir | to sleep |
| droen | dréits | dréit | tragen | porter | to carry, to wear |
| kommen | kënns | kënnt | kommen | venir | to come |
| soen | sees | seet | sagen | dire | to say |
| stoussen | stéiss | stéisst | stoßen | pousser | to push |
| saufen | säifs | säift | saufen | boire beaucoup | to drink much |
| krauchen | kréchs | krécht | kriechen | ramper | to creep |
| ruffen | riffs | rifft | rufen | appeler | to call |
| wuessen | wiiss | wiisst | wachsen | pousser | to grow |
| bestueden | bestiits | bestit | heiraten | épouser | to marry |
| bezuelen | bezills | bezillt | (be)zahlen | payer | to pay |
| huelen | hëls | hëlt | holen | prendre | to take, fetch |
| briechen | bréchs | brécht | brechen | casser | to break |
| friessen | frëss | frësst | fressen | manger, dévorer | to eat (of animals) |

Ces changements s'opèrent normalement d'après le tableau suivant

These changes normally follow the following transformation table

| voyelle de base – | a | | aa | o | oo | u | ue | ou | au | au |
|---|---|---|---|---|---|---|---|---|---|---|
| transformée – | ä, ë, ie | ä, ee | ë | ee | | i | ie | éi | é | äi |

C. Les *occlusives* dentales -d, -et, -t à la fin d'un mot changent certaines diphtongues qui les précèdent. Aussi la diphtongue *éi* devient souvent monophtongue *i* comme dans les verbes fléien, léien.

C. The final dental *occlusive* sounds -d and -t may bring about a change in the diphthongs which precede them. Thus *éi* often gets simple *i*, e.g. in the verbs fléien, léien, etc.

   ech fléien, du flitts (fléis), hie flitt  
   mir fléien, dir flitt, si fléien

= fliegen  
 voler  
 to fly

   ech léien, du litts, hie litt

= lügen  
 mentir  
 to tell a lie

   ech zéien, du zitts, hien zitt

= ziehen  
 tirer  
 to draw

   ech kréien, du kriss, hie kritt

= kriegen, bekommen  
 recevoir  
 to get

   ech bléien, du blitts, hie blitt

= blühen  
 fleurir  
 to flower

| | | |
|---|---|---|
| | geschéien – geschitt | = geschehen<br>arriver<br>to happen |
| | (geléiwen) gelift | = belieben<br>plaire<br>to please |

| | | |
|---|---|---|
| Cette forme survit dans l'expression | | This form survives in the idiom |
| | wann ech gelift | = bitte (NHG wenn es euch beliebt)<br>s'il vous plaît<br>please |

LE SUBJONCTIF PRÉSENT n'est plus utilisé à quelques exceptions près p.ex. dans les locutions archaïques comme

THE PRESENT OF THE SUBJUNCTIVE only survives in some archaic expressions, such as

| | |
|---|---|
| Gott seen dech | = Gott segne dich<br>Dieu te bénisse<br>God bless you |
| Härgott, stéi mer bäi | = Gott stehe mir bei<br>que Dieu m'assiste<br>may God help me |
| Der Däiwel huel si | = der Teufel hole sie<br>que le diable les emporte<br>go to hell (may the devil take you!) |
| Et sief dann | = es sei denn<br>soit<br>so let it be |

*Remarque:*

L'impératif « sief », « sëff » est dérivé du subjonctif (comme sois, soyez en français).

*Note:*

The imperative "sief", "sëff" derives from the subjunctive (as sois, soyez in French).

LE PARTICIPE PRÉSENT a disparu dans le patois luxembourgeois. Il se terminait par -n (mobile) ce qui était une réduction du suffixe allemand -nd. Il survit dans quelques locutions toutes faites, désuètes.

THE PRESENT PARTICIPLE has disappeared in the dialect. It ended by mobile -n which is a reduction from the German suffix -nd. It survives in some obsolete, ready-made phrases.

| | |
|---|---|
| En ass a kache Waasser gefall | = er fiel in kochendes Wasser<br>il est tombé dans de l'eau bouillante<br>he fell into boiling hot water |
| Hie sot mer dat laaches Monns | = er sagte mir das "lächelnden Mundes"<br>il me dit ça avec le sourire<br>he told me this with a smile |

(assimilation du génitif)

(assimilation of the genitive)

# LE PASSÉ

Le luxembourgeois moderne tend à réduire à deux le nombre des formes verbales exprimant le passé

a) *le passé composé* servant à exprimer les notions françaises de passé simple, d'imparfait et de passé composé,

b) *le plus-que-parfait* exprimant l'antériorité dans le passé.

Les idiomes germaniques connaissent une autre forme du passé, le *prétérit* (l'imparfait) et selon le mode de formation de ce temps, la grammaire allemande distingue les *verbes forts* et les *verbes faibles*.

Les verbes *forts* forment le prétérit en changeant la voyelle du radical par rapport aux formes du présent (= Ablaut = apophonie); au participe ils ajoutent en outre le suffixe -en.

Les verbes *faibles* forment le prétérit à l'aide d'un suffixe en -t sans changer la voyelle du radical. Les verbes forts comme les verbes faibles ajoutent le préfixe GE- au participe du prétérit (= participe passé).

En luxembourgeois de rares verbes possèdent encore cette forme du prétérit à l'indicatif.

# THE PAST

Modern Luxembourgish tends towards the exclusive use of two verbal forms to express the past

a) *the present perfect* which covers the French "passé simple" as well as the "imparfait" and the "passé composé",

b) *the pluperfect* (or Past II) expressing anteriority in the past.

Germanic languages know another tense of the past, the *preterite* or imperfect (Vergangenheit) and according to the mode of formation of this tense, German grammar distinguishes between *strong* and *weak verbs*.

The *strong verbs* form their past by changing the root-vowel of the present tense (Umlaut). In the participle they add moreover the suffix -en.

The *weak verbs* form the past by means of a suffix -t without changing the root-vowel. Both add the prefix GE- to the past participle.

Only some rare Luxembourgish verbs still keep this past tense of the indicative.

|   | F. venir, dire | E. to come, to say |
|---|---|---|
|   | *kommen* | *soen* |
|   | Ech koum | Ech sot |
|   | du koums | du sos |
|   | hie koum | hie sot |
|   | mir koumen | mir soten |
|   | dir koumt | dir sot |
|   | si koumen | si soten |
|   | (fort) | (faible) |

Dans les dialectes du nord, le prétérit est plus fréquent; si un écrivain l'emploie c'est souvent pour sa saveur pittoresque, sa nuance ironique ou simplement humoristique (cf. « Renert » de Michel Rodange).

In the dialects of the North of the country the use of the past tense is more frequent. If a writer does use it, he usually does so for the sake of its picturesque, ironical or simply humoristic implications (cf. "Renert" by Michel Rodange).

|   |   |
|---|---|
| si schwaten (schwätzen) | = sprechen<br>parler<br>to speak |
| si jauten (jäizen) | = schreien<br>crier<br>to shout |

Une classification scientifique selon les alternatives de la racine nécessiterait quelque 25 classes spéciales (dont quelques-unes ne conprendraient que deux ou trois verbes). Voici les classes les plus importantes.

Scientific classification according to the alterations of the stem would necessitate about 25 different categories (some of which would only group two or three verbs). Here are the most important categories.

I. La voyelle à l'infinitif et au participe passé est identique

I. Identical vowel in the infinitive and in the past participle

|  |  |  | G. | F. | E. |
|---|---|---|---|---|---|
| 1) *a* | falen | – gefall | = fallen | = tomber | = to fall |
| 2) *o* | droen | – gedroen | = tragen | = porter | = to carry |
| 3) *ä* | wäschen | – gewäsch | = waschen | = laver | = to wash |
| 4) *ie* | friessen | – gefriess | = fressen | = manger | = to eat |
| 5) *u* | ruffen | – geruff | = rufen | = appeler | = to call |
| 6) *ue* | wuessen | – gewuess | = wachsen | = croître | = to grow |

II. Il y a changement de voyelle

II. The vowel changes

| | | | | | |
|---|---|---|---|---|---|
| 1) *äi (ei), a* | bäissen | – gebass | = beißen | = mordre | = to bite |
| 2) *éi, o, ue, u* | fléissen | – gefloss | = fließen | = couler | = to flow |
| | verléieren | – verluer | = verlieren | = perdre | = to lose |
| | léien | – gelunn | = lügen | = mentir | = to lie |
| 3) *a, é, ë, o* | bannen | – gebonn | = binden | = lier | = to tie, to bind |
| | drénken | – gedronk | = trinken | = boire | = to drink |
| | hëllefen | – geholléf | = helfen | = aider | = to help |
| 4) *e, a* | treffen | – getraff | = treffen | = toucher | = to hit |
| 5) *ie, ue* | stierwen | – gestuerwen | = sterben | = mourir | = to die |
| 6) *ie, a* | briechen | – gebrach | = brechen | = casser | = to break |

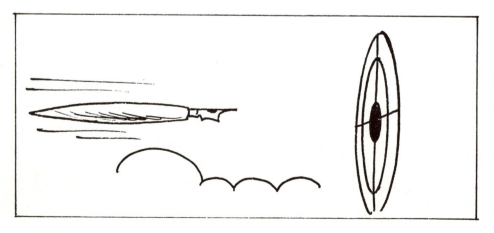

*Getraff!*

| | |
|---|---|
| *Le Prétérit* des verbes faibles est plus rare encore que celui des verbes forts. Les verbes faibles sont caractérisés par le suffixe dental au participe passé aussi bien qu'au prétérit (s'il survit). | *The past tense* of weak verbs is even rarer than that of the strong ones. It is characterized by the dental suffix, both in the past participle and in the preterite (if it exists) |
| On pourrait distinguer trois catégories: | We may distinguish three categories: |
| A. la grande majorité avec seulement deux formes et sans changement de voyelle | A. the great majority with only two forms and without a vowel-change |

    Ex.:                           laachen     – gelaacht

B. 1) six verbes à quatre formes                 B. 1) six verbs with four forms

    Ils ont encore un prétérit de l'indicatif et un prétérit du subjonctif.       They still have both the preterite of the indicative and that of the subjunctive.

| *Infin.* | *Prét. Ind.* | *Prét. Subj.* | *Part. P.* | | | | |
|---|---|---|---|---|---|---|---|
| bréngen | bruecht | briecht | bruecht | = bringen | = apporter | = to bring |
| denken | duecht | diecht | geduecht | = denken | = penser | = to think |
| froen | frot | freet | gefrot | = fragen | = demander | = to ask |
| soen | sot | seet | gesot | = sagen | = dire | = to say |
| kréien | krut | krit, kréis | kritt, krout | = kriegen | = recevoir | = to get |
| fannen | fonnt | fënnt | fonnt | = finden | = trouver | = to find |

B. 2) quatre autres exemples du prétérit ont survécu       B. 2) four other examples of the preterite have survived

| | | | | |
|---|---|---|---|---|
| bleiwen | – Ech blouf - du bloufs - hie blouf<br>mir blouwen - dir blouft - si blouwen | = bleiben | = rester | = to remain |
| gesinn | – Ech gesouch - du gesouchs - hie gesouch<br>mir gesouchen - dir gesoucht - si gesouchen | = sehen | = voir | = to see |
| sëtzen | – Ech souz - du souz - hie souz<br>mir souzen - dir souzt - si souzen | = sitzen | = être assis | = to sit |
| leien | – Ech louch - du louchs - hie louch<br>mir louchen - dir loucht - si louchen | = liegen | = être couché | = to lie down |

C. trois verbes à trois formes                        C. three verbs with three forms

    Les verbes HUELEN, KAFEN, MAACHEN peuvent former un conditionnel synthétique = subjonctif du prétérit à la manière des verbes forts     The verbs HUELEN, KAFEN, MAACHEN form a synthetic conditional (past of the subjunctive) in the way strong verbs do

                      héil     kéif     méich     kréich

D. Le « Rückumlaut » se trouve dans une bonne douzaine de verbes.     D. The "Rückumlaut" phenomenon can be found in a good dozen of verbs.

| | | | | |
|---|---|---|---|---|
| Ex.: leeën | – geluegt | = legen | = mettre | = to lay |
| schëdden | – geschott | = schütten | = verser | = to pour |

Ceux qui présentent un *z* dans leur racine, prennent un *t* au participe passé.     Those with a *z* in their stem, take a *t* in the past participle.

| | | | | |
|---|---|---|---|---|
| Ex.: jäizen | – gejaut | = schreien | = crier | = to yell |
| schätzen | – geschat | = schätzen | = estimer | = to estimate |
| schwätzen | – geschwat | = sprechen | = parler | = to speak |

# L'IMPÉRATIF

# THE IMPERATIVE

Nous distinguons quatre formes différentes:

We distinguish four different forms:

1) l'ordre donné à la deuxième personne du singulier est exprimé par le simple radical du verbe (indicatif privé de sa terminaison -en).

1) the order given to the 2nd person sing, is expressed by the stem (= infinitive deprived of -en ending).

|  |  |
|---|---|
| Ex.: schwätz (schwätzen) | = parle = speak |
| laf (lafen) | = cours = run |
| kuck (kucken) | = regarde = look |

2) l'ordre donné à la deuxième personne du pluriel est exprimé par le radical et la terminaison -t.

2) the order given to the 2nd person plural is expressed by the stem and ending in -t.

|  |  |
|---|---|
| Ex.: schwätzt | = parlez = speak |
| laaft | = courez = run |
| kuckt | = regardez = look |

3) la résolution adressée à la première personne du pluriel s'exprime par:

a) looss + mer + infinitif
b) komm + mer + infinitif

3) the proposal addressing the first person plural is expressed by:

|  |  |
|---|---|
| Ex.: looss mer kucken | = regardons = let us look |
| looss mer goen | = allons = let us go |

4) La proposition exprimée à la première personne du singulier:

4) the proposal is expressed in the first person of the singular

|  |  |
|---|---|
| Ex.: looss mech kucken | = je veux voir = let me see |
| looss mech goen | = je veux aller = let me go |

*Looss mech kucken*

# LES TEMPS COMPOSÉS

Le passé composé et le plus-que-parfait sont formés à l'aide des auxiliaires HUNN et SINN + le participe du passé

*Passé composé*

        hien ass gaang

        hien huet gesot

*Plus-que-parfait*

        hie war gaang

        hien hat gesot

*Le participe passé*

1) quelques verbes se passent du préfixe perfectif GE-

    Ex.:  bleiwen    – bliwwen
            bréngen    – bruecht
            fannen      – fonnt
            goen        – gaang
            kafen       – kaaft
            kennen     – konnt
            kommen    – komm
            kréien      – kritt (krut)

2) certains verbes semi-auxiliaires

    a) employés seuls, ils ont leur participe faible d'origine

    b) employés avec un infinitif, leur participe se confond avec l'infinitif (désinence forte -EN)

Dans les deux cas GE- manque.

        Ex.: Ech hunn net *duerft*

        Ech hunn et net *dierfe* maachen

        Ech hu meng Lektioun net *konnt*

# COMPOUND TENSES

The present perfect and past perfect (pluperfect) are formed by means of the auxiliaries HUNN and SINN + the past participle

*Present perfect*

= er ist gegangen
   il est allé
   he has gone

= er hat gesagt
   il a dit
   he has said

*Past perfect* or *Pluperfect*

= er war gegangen
   il était allé
   he had gone

= er hatte gesagt
   il avait dit
   he haid said

*The past participle*

1) some verbs lack the prefix GE-

| | | |
|---|---|---|
| = geblieben | = resté | = remained |
| = gebracht | = apporté | = brought |
| = gefunden | = trouvé | = found |
| = gegangen | = allé | = gone |
| = gekauft | = acheté | = bought |
| = gekannt | = connu | = known |
| = gekommen | = arrivé | = arrived |
| = bekommen | = reçu | = got |

2) certain semi-auxiliary verbs

    a) if used alone, they have their original weak participle

    b) if used with an infinitive, their participle coalesces with their infinitive (strong ending)

In either case GE- is dropped.

= ich habe nicht dürfen
   je n'ai pas pu
   I have not been allowed to

= ich habe es nicht tun dürfen
   je n'ai pas pu le faire
   I haven't been allowed to do it

= ich konnte meine Lektion nicht
   je ne savais pas ma leçon
   I didn't know my lesson

| | | |
|---|---|---|
| Ech hätt et net *kënne* soen | = | ich hätte es nicht sagen können<br>je n'aurais pas su le dire<br>I couldn't have told you |
| Ech hu *musst*, ob ech wollt oder net | = | ich musste, ob ich wollte oder nicht<br>j'ai dû le faire, bon gré mal gré<br>I had to, whether I wanted or not |
| Ech hu *musse* (misse) kräischen | = | ich musste weinen<br>j'ai dû pleurer<br>I had to cry |
| Du hunn ech, dommt Stéck, net wollt | = | da habe ich dummes Stück nicht gewollt<br>alors, moi, idiote, je n'ai pas voulu<br>then I, foolish thing, did not want to |
| Ech hätt net wëlle virugoen, fir d'Frecken net | = | um alles in der Welt hätte ich nicht weitergehen wollen<br>pour rien au monde je n'aurais plus voulu avancer<br>I wouldn't have gone on for anything in the world |

3) Un grand nombre de participes forts se passent de la désinence -EN

3) A great number of strong participles lack the ending -EN

| | *Infin.* | *Part. P.* | | | | | | |
|---|---|---|---|---|---|---|---|---|
| I. | gläichen | geglach | = | geglichen | = | ressemblé | = | resembled |
| | schläichen | geschlach | = | geschlichen | = | glissé | = | slid |
| | päifen | gepaff | = | gepfiffen | = | sifflé | = | whistled |
| | schläifen | geschlaff | = | geschliffen | = | taillé, poli | = | cut, polished |
| II. | verléiren | verluer | = | verloren | = | perdu | = | lost |
| | fréiren | gefruer | = | gefroren | = | gelé | = | frozen |
| | richen | geroch | = | gerochen | = | humé, senti | = | smelled |
| III. | sténken | gestonk | = | gestunken | = | pué | = | stunk |
| | hëllefen | gehollef | = | geholfen | = | aidé | = | helped |
| | werfen | geworf | = | geworfen | = | jeté | = | thrown |
| IV. | briechen | gebrach | = | gebrochen | = | brisé | = | broken |
| | treffen | getraff | = | getroffen | = | touché | = | hit |
| | stielen | gestuel | = | gestohlen | = | volé | = | stolen |
| | dreschen | gedresch | = | gedroschen | = | battu | = | threshed |
| V. | friessen | gefriess | = | gefressen | = | mangé | = | eaten |
| | sëtzen | gesiess | = | gesessen | = | assis | = | sat |
| VI. | fueren | gefuer | = | gefahren | = | allé (en voiture) | = | driven |
| | wuessen | gewuess | = | gewachsen | = | poussé | = | grown |
| | muelen | gemuel | = | gemahlen | = | moulu | = | ground |
| VII. | falen | gefall | = | gefallen | = | tombé | = | fallen |
| | lafen | gelaf | = | gelaufen | = | couru | = | run |
| | schlofen | geschlof | = | geschlafen | = | dormi | = | slept |
| | loossen | gelooss | = | gelassen | = | laissé | = | left, let |
| | ruffen | geruff | = | gerufen | = | appelé | = | called |
| | stoussen | gestouss | = | gestoßen | = | poussé | = | pushed |

# LES VERBES

## Les verbes les plus employés / The most widely used verbs

Rappelons qu'il suffit normalement de connaître le présent et le participe passé. En effet la forme du présent, accompagnée d'une indication de temps correspondante, pourra exprimer aussi le futur. D'autre part le passé de la plupart des verbes s'exprime par le passé composé (formé à l'aide des auxiliaires HUNN et SINN + le participe passé). Seulement de rares verbes ont gardé une forme spéciale de prétérit et de conditionnel.

Remember that usually it will do to know the present tense and past participle forms of a verb. In fact the present, accompanied by a corresponding time-indication, will also express the future. On the other hand the past of most verbs is expressed by the present perfect (which is formed by a combination of the auxiliaries HUNN and SINN with the past participle). Only some rare verbs have kept a special form for the preterite and the conditional.

| Infinitif/Infinitive | Présent/Present | Part. passé/Past part. | Prétérit/Past T. | Condit./Condit. |
|---|---|---|---|---|
| KOMMEN<br>G. kommen<br>F. arriver<br>E. to come | ech kommen<br>du kënns<br>e kënnt<br>mir kommen<br>dir kommt<br>si kommen | ech si komm<br>du bass komm<br>hien ass komm<br>mir si komm<br>dir sidd komm<br>si si komm | ech koum<br>du koums<br>hie koum<br>mir koumen<br>dir koumt<br>si koumen | ech kéim<br>du kéims<br>hie kéim<br>mir kéimen<br>dir kéimt<br>si kéimen |
| KRÉIEN<br>G. kriegen,<br>  bekommen<br>F. recevoir, obtenir<br>E. to get | ech kréien<br>du kriss<br>hie kritt<br>mir kréien<br>dir kritt<br>si kréien | ech hu kritt<br>du hues kritt<br>hien huet kritt<br>mir hu kritt<br>dir hutt kritt<br>si hu kritt | ech krut<br>du krus<br>hie krut<br>mir kruten<br>dir krut<br>si kruten | ech kréich<br>du kréichs<br>hie kréich<br>mir kréichen<br>dir kréicht<br>si kréichen |
| MAACHEN, MAN<br>G. machen, tun<br>F. faire<br>E. to do, to make | ech maachen, man<br>du méchs<br>hie mécht<br>mir maachen<br>dir maacht<br>si maachen | ech hu gemat<br>du hues gemat<br>hien huet gemat<br>mir hu gemat<br>dir hutt gemat<br>si hu gemat | | ech méich (rare) |
| GESINN<br>G. sehen<br>F. voir<br>E. to see | ech gesinn<br>du gesäis<br>hie gesäit<br>mir gesinn<br>dir gesitt<br>si gesinn | ech hu gesinn<br>du hues gesinn<br>hien huet gesinn<br>mir hu gesinn<br>dir hutt gesinn<br>si hu gesinn | ech gesouch<br>du gesouchs<br>hie gesouch<br>mir gesouchen<br>dir gesoucht<br>si gesouchen | ech geséich<br>du geséichs<br>hie geséich<br>mir geséichen<br>dir geséicht<br>si geséichen |
| STINN, STOEN<br>G. stehen<br>F. être debout<br>E. to stand | ech stinn<br>du stees<br>hie steet<br>mir stinn<br>dir stitt<br>si stinn | ech hu gestanen<br>du hues gestanen<br>hien huet gestanen<br>mir hu gestanen<br>dir hutt gestanen<br>si hu gestanen | ech stong<br>du stongs<br>hie stong<br>mir stongen<br>dir stongt<br>si stongen | ech stéing<br>du stéings<br>hie stéing<br>mir stéingen<br>dir stéingt<br>si stéingen |

| Infinitif/Infinitive | Présent/Present | Part. passé/Past part. | Prétérit/Past T. | Condit./Condit. |
|---|---|---|---|---|
| VERSTOEN<br>G. verstehen<br>F. comprendre<br>E. to understand | ech verstinn<br>du verstees<br>hie versteet<br>mir verstinn<br>dir verstitt<br>si verstinn | ech hu verstanen<br>du hues verstanen<br>hien huet verstanen<br>mir hu verstanen<br>dir hutt verstanen<br>si hu verstanen | ech verstong<br>du verstongs<br>hie verstong<br>mir verstongen<br>dir verstongt<br>si verstongen | ech verstéing<br>du verstéings<br>hie verstéing<br>mir verstéingen<br>dir verstéingt<br>si verstéingen |
| VERHALEN<br>G. behalten<br>F. retenir<br>E. to retain,<br>  to remember | ech verhalen<br>du verhäls<br>hie verhält<br>mir verhalen<br>dir verhaalt<br>si verhalen | ech hu verhalen<br>du hues verhalen<br>hien huet verhalen<br>mir hu verhalen<br>dir hutt verhalen<br>si hu verhalen | | |
| FUEREN (intr.)<br>G. fahren<br>F. conduire, aller<br>  par moyen de<br>  transport<br>E. to drive | ech fueren<br>du fiers<br>hie fiert<br>mir fueren<br>dir fuert<br>si fueren | ech si gefuer<br>du bass gefuer<br>hien ass gefuer<br>mir si gefuer<br>dir sidd gefuer<br>si si gefuer | | |
| FÉIEREN (tr.)<br>G. fahren, anführen<br>F. conduire, guider,<br>  transporter<br>E. to bring, to lead | ech féieren<br>du féiers<br>hie féiert<br>mir féieren<br>dir féiert<br>si féieren | ech hu geféiert<br>du hues geféiert<br>hien huet geféiert<br>mir hu geféiert<br>dir hutt geféiert<br>si hu geféiert | | |
| LAFEN<br>G. laufen<br>F. courir<br>E. to run | ech lafen<br>du leefs<br>hie leeft<br>mir lafen<br>dir laaft<br>si lafen | ech si gelaf<br>du bass gelaf<br>hien ass gelaf<br>mir si gelaf<br>dir sidd gelaf<br>si si gelaf | | |
| LAACHEN<br>G. lachen<br>F. rire<br>E. to laugh | ech laachen<br>du laachs<br>hie laacht<br>mir laachen<br>dir laacht<br>si laachen | ech hu gelaacht<br>du hues gelaacht<br>hien huet gelaacht<br>mir hu gelaacht<br>dir hutt gelaacht<br>si hu gelaacht | | |
| SCHREIWEN<br>G. schreiben<br>F. écrire<br>E. to write | ech schreiwen<br>du schreifs<br>hie schreift<br>mir schreiwen<br>dir schreift<br>si schreiwen | ech hu geschriwwen<br>du hues geschriwwen<br>hien huet geschriwwen<br>mir hu geschriwwen<br>dir hutt geschriwwen<br>si hu geschriwwen | | |

*Ech verstinn*

*Ech hu gelaacht*

| Infinitif/Infinitive | Présent/Present | Part. passé/Past part. | Prétérit/Past T. | Condit./Condit. |
|---|---|---|---|---|
| LÉIEREN<br>G. lernen<br>F. apprendre<br>E. to learn | ech léieren<br>du léiers<br>hie léiert<br>mir léieren<br>dir léiert<br>si léieren | ech hu geléiert<br>du hues geléiert<br>hien huet geléiert<br>mir hu geléiert<br>dir hutt geléiert<br>si hu geléiert | | |
| SCHWÄTZEN<br>G. sprechen<br>F. parler<br>E. to speak | ech schwätzen<br>du schwätz<br>hie schwätzt<br>mir schwätzen<br>dir schwätzt<br>si schwätzen | ech hu geschwat<br>du hues geschwat<br>hien huet geschwat<br>mir hu geschwat<br>dir hutt geschwat<br>si hu geschwat | | |
| LAUSCHTEREN<br>G. zuhören, lauschen<br>F. écouter<br>E. to listen | ech lauschteren<br>du lauschters<br>hie lauschtert<br>mir lauschteren<br>dir lauschtert<br>si lauschteren | ech hu gelauschtert<br>du hues gelauschtert<br>hien huet gelauschtert<br>mir hu gelauschtert<br>dir hutt gelauschtert<br>si hu gelauschtert | | |
| HÉIEREN<br>G. hören<br>F. entendre<br>E. to hear | ech héieren<br>du héiers<br>hien héiert<br>mir héieren<br>dir héiert<br>si héieren | ech hu gehéiert<br>du hues gehéiert<br>hien huet gehéiert<br>mir hu gehéiert<br>dir hutt gehéiert<br>si hu gehéiert | | |
| KUCKEN<br>G. schauen<br>F. regarder<br>E. to look | ech kucken<br>du kucks<br>hie kuckt<br>mir kucken<br>dir kuckt<br>si kucken | ech hu gekuckt<br>du hues gekuckt<br>hien huet gekuckt<br>mir hu gekuckt<br>dir hutt gekuckt<br>si hu gekuckt | | |
| GLEEWEN<br>G. glauben<br>F. croire<br>E. to believe | ech gleewen<br>du gleefs<br>hie gleeft<br>mir gleewen<br>dir gleeft<br>si gleewen | ech hu gegleeft<br>du hues gegleeft<br>hien huet gegleeft<br>mir hu gegleeft<br>dir hutt gegleeft<br>si hu gegleeft | | |
| MENGEN<br>G. meinen<br>F. penser<br>E. to think | ech mengen<br>du mengs<br>hie mengt<br>mir mengen<br>dir mengt<br>si mengen | ech hu gemengt<br>du hues gemengt<br>hien huet gemengt<br>mir hu gemengt<br>dir hutt gemengt<br>si hu gemengt | | |

*Hie léiert*

*Hien héiert*

| Infinitif/Infinitive | Présent/Present | Part. passé/Past part. | Prétérit/Past T. | Condit./Condit. |
|---|---|---|---|---|
| DENKEN<br>G. denken<br>F. penser<br>E. to think | ech denken | ech hu geduecht | | |
| FALEN<br>G. fallen<br>F. tomber<br>E. to fall | ech falen | ech si gefall | | |
| SPRANGEN<br>G. springen<br>F. sauter<br>E. to jump | ech sprangen | ech si gesprongen | | |
| IESSEN<br>G. essen<br>F. manger<br>E. to eat | ech iessen | ech hu giess | | |
| DRÉNKEN<br>G. trinken<br>F. boire<br>E. to drink | ech drénken | ech hu gedronk | | |

Récapitulation de quelques auxiliaires et verbes irréguliers importants

Survey Table of some important auxiliaries and irregular verbs

| Infinitif/Infinitive | Présent/Present | Prétérit/Past T. | Condit./Condit. | Part. passé/Past part. |
|---|---|---|---|---|
| KËNNEN<br>G. können<br>F. pouvoir, savoir<br>(capacité)<br>E. to be able | ech kann<br>du kanns<br>hie kann<br>mir kënnen<br>dir kënnt<br>si kënnen | konnt | kënnt | konnt |
| MUSSEN<br>G. müssen<br>F. devoir<br>E. to must | ech muss<br>du muss<br>hie muss<br>mir mussen<br>dir musst<br>si mussen | musst | misst | musst |
| WËLLEN<br>G. wollen<br>F. vouloir<br>E. to want | ech wëll<br>du wëlls<br>hie wëllt<br>mir wëllen<br>dir wëllt<br>si wëllen | wollt | wëllt | wollt |

| *Infinitif/Infinitive* | *Présent/Present* | | *Prétérit/Past T.* | *Condit./Condit.* | *Part. passé/Past part.* |
|---|---|---|---|---|---|
| SOLLEN | ech soll | | sollt | sollt | sollt |
| G. sollen | du solls | | | | |
| F. devoir | hie soll | | | | |
| E. shall, should | mir sollen | | | | |
| | dir sollt | | | | |
| | si sollen | | | | |
| DÄERFEN, | ech däerf | | duerft | dierft | duerft |
| DIERFEN | du däerfs | | | | |
| G. dürfen | hien däerf | | | | |
| F. pouvoir | mir däerfen | | | | |
| (permission) | dir däerft | | | | |
| E. to may, | si däerfen | | | | |
| to be allowed | | | | | |
| HUNN | ech hunn | hief | hat | hätt | gehat (gehuet) |
| G. haben | du hues | | | | |
| F. avoir | hien huet | | | | |
| E. to have | mir hunn | | | | |
| | dir hutt | | | | |
| | si hunn | | | | |
| SINN | ech sinn | sief | war | wäer, wier | gewiescht |
| G. sein | du bass | sidd | | | |
| F. être | hien ass | | | | |
| E. to be | mir sinn | | | | |
| | dir sidd | | | | |
| | si sinn | | | | |
| GINN | ech ginn | gëff | gouf | géif | ginn |
| G. werden | du gëss | gitt | | | |
| F. devenir | hie gëtt | | | | |
| E. to become | mir ginn | | | | |
| | dir gitt | | | | |
| | si ginn | | | | |
| DINN (DOEN) | ech dinn (doen) | déi, do | | déit | gedon (gedunn) |
| G. tun | du dees | ditt | | | |
| F. faire | hien deet | | | | |
| E. to do | mir dinn | | | | |
| | dir ditt | | | | |
| | si dinn | | | | |
| STINN (STOEN) | ech stinn (stoen) | stéi | stoung | stéing | gestan (gestanen) |
| G. stehen | du stees | stitt | | | |
| F. être debout | hie steet | | | | |
| E. to stand | mir stinn | | | | |
| | dir stitt | | | | |
| | si stinn | | | | |

E puer wichteg onregelméisseg Verben
Quelques verbes irréguliers importants
Some important irregular verbs

*Infinitif/Infinitive*          *Présent/Present*          *Part. passé/Past T.*

FANNEN          ech fannen          ech hu fonnt
G. finden       du fënns            du hues fonnt
F. trouver      hie fënnt
E. to find      mir fannen
                dir fannt
                si fannen


KAFEN           ech kafen           ech hu kaaft
G. kaufen       du keefs
F. acheter      hie keeft
E. to buy       mir kafen
                dir kaaft
                si kafen


RUFFEN          ech ruffen          ech hu geruff
G. rufen        du riffs
F. appeler      hie rifft
E. to call      mir ruffen
                dir rufft
                si ruffen


WËSSEN          ech weess           ech hu gewosst
G. wissen       du weess
F. savoir       hie weess
E. to know      mir wëssen
                dir wësst
                si wëssen


WUESSEN         ech wuessen         ech si gewuess
G. wachsen      du wiiss
F. croître      hie wiisst
E. to grow      mir wuessen
                dir wuesst
                si wuessen


STOUSSEN        ech stoussen        ech hu gestouss
G. stoßen       du stéiss
F. pousser      hie stéisst
E. to push      mir stoussen
                dir stousst
                si stoussen

| Infinitif/Infinitive | Présent/Present | Part. passé/Past T. |
|---|---|---|
| KLAMMEN<br>G. klettern<br>F. grimper<br>E. to climb | ech klammen<br>du klëmms<br>hie klëmmt<br>mir klammen<br>dir klammt<br>si klammen | ech si geklommen |
| HUELEN<br>G. nehmen, holen<br>F. prendre<br>E. to fetch, to take | ech huelen<br>du hëls<br>hien hëlt<br>mir huelen<br>dir huelt<br>si huelen | ech hu geholl |
| LOOSSEN<br>G. lassen<br>F. laisser<br>E. to let, to leave | ech loossen<br>du léiss<br>hie léisst<br>mir loossen<br>dir loosst<br>si loossen | ech hu gelooss |
| SANGEN<br>G. singen<br>F. chanter<br>E. to sing | ech sangen<br>du séngs<br>hie séngt<br>mir sangen<br>dir sangt<br>si sangen | ech hu gesongen |
| BRIECHEN<br>G. brechen<br>F. casser<br>E. to break | ech briechen<br>du bréchs<br>hie brécht<br>mir briechen<br>dir briecht<br>si briechen | ech hu gebrach |
| SCHLOFEN<br>G. schlafen<br>F. dormir<br>E. to sleep | ech schlofen<br>du schléifs<br>hie schléift<br>mir schlofen<br>dir schlooft<br>si schlofen | ech hu geschlof |
| SPRANGEN<br>G. springen<br>F. sauter<br>E. to jump | ech sprangen<br>du spréngs<br>hie spréngt<br>mir sprangen<br>dir sprangt<br>si sprangen | ech si gesprongen |

| Infinitif/Infinitive | Présent/Present | Part. passé/Past T. |
|---|---|---|
| **DROEN**<br>G. tragen<br>F. porter<br>E. to carry | ech droen<br>du dréits<br>hien dréit<br>mir droen<br>dir drot<br>si droen | ech hu gedroen |
| **SOEN**<br>G. sagen<br>F. dire<br>E. to say | ech soen<br>du sees<br>hie seet<br>mir soen<br>dir sot<br>si soen | ech hu gesot |
| **FRIESSEN**<br>G. fressen<br>F. manger (animaux)<br>E. to eat (animals) | ech friessen<br>du fréss<br>hie frësst<br>mir friessen<br>dir friesst<br>si friessen | ech hu gefriess |
| **BESTUEDEN**<br>G. heiraten<br>F. épouser<br>E. to marry | ech bestuede mech<br>du bestuets dech<br>hie bestuet sech<br>mir bestueden ons<br>dir bestued iech<br>si bestueden sech | ech si bestued |
| **BEZUELEN**<br>G. bezahlen<br>F. payer<br>E. to pay | ech bezuelen<br>du bezils<br>hie bezilt<br>mir bezuelen<br>dir bezuelt<br>si bezuelen | ech hu bezuelt |
| **BLÉIEN**<br>G. blühen<br>F. fleurir<br>E. to bloom, to blossom | ech bléien<br>du blitts<br>hie blitt<br>mir bléien<br>dir blitt<br>si bléien | ech hu (gebléit) geblitt |
| **KRAUCHEN**<br>G. kriechen<br>F. ramper<br>E. to creep | ech krauchen<br>du kräichs<br>hie kräicht<br>mir krauchen<br>dir kraucht<br>si krauchen | ech si gekroch |

## LES DEGRÉS DE COMPARAISON

## DEGREES OF COMPARISON

Comme en français, le comparatif luxembourgeois se forme à l'aide de l'adverbe de quantité *méi* placé devant l'adjectif (a).

L'article indéfini se place entre *méi* et l'adjectif (b).

The Luxembourgish comparative is formed in the French way i.e. analytically, with the particle *méi* before the adjective.

The indefinite article is inserted between *méi* and the adjective.

Ex.: a) Dee méi staarke Verkéier vun haut ...

= Der stärkere Verkehr von heute ...
La circulation plus intense d'aujourd'hui ...
The heavier traffic of today ...

b) Ech kafe mir méi e groussen Auto.

= Ich kaufe mir einen größeren Wagen.
Je m'achète une voiture plus grande.
I'm buying a bigger car.

Le comparatif germanique à la désinence -er existe aussi mais sert uniquement à restreindre le degré de signification de l'adjectif.

The Germanic comparative formed by means of the suffix -er, is also found, but only limits the degree of significance of the adjective.

Ex.: e gréissere Betrib

= ein größerer Betrib
une exploitation d'une certaine étendue
a holding of a certain extent

en eeleren Här

= ein älterer Herr
un monsieur d'un certain âge
an elderly gentleman

Seuls quelques « comparatifs » irréguliers comme besser = mieux, léiwer = plutôt, manner = moins, méi = plus expriment une idée de comparaison.

Only some anomalous comparatives such as besser = better, léiwer = rather, manner = less, méi = more express an idea of comparison.

La particule comparative « que » est *wéi* ou *ewéi*.

The comparative particle "than" is *wéi* or *ewéi*.

Ex.: 1) Ech hu manner Punkte wéi hien.

= Ich habe weniger Punkte als er.
J'ai moins de points que lui.
I got fewer marks than he.

2) Du bass méi domm wéi deng Féiss.

= Du bist dümmer als deine Füße.
Tu es plus sot que tes pieds.
You're sillier than your feet.

3) Ech schwätze léiwer mat sengem Papp.

= Ich spreche lieber mit seinem Vater.
Je préfère parler à son père.
I would rather talk to his father.

Le superlatif luxembourgeois se forme comme en allemand à l'aide du suffixe -st (a) et il se termine par -scht dans les cas particuliers (b).

The Luxembourgish superlative ends in -st as in German. In some particular cases it ends in -scht e.g.

|  |  |  |
|---|---|---|
| bescht | = le meilleur | = the best |
| lescht | = le dernier | = the last |
| meescht | = le plus | = the most |

L'adjectif au superlatif est précédé de *am* ou de l'article défini (c).

In the superlative form the adjective is preceded by *am* or by the definite article.

Les voyelles sombres subissent la métaphonèse (d).     Dark vowels mutate (Umlaut).

| | | | |
|---|---|---|---|
| uewen | – iewescht | = le plus haut | = the top |
| laang | – längst | = le plus long | = the longest |
| grouss | – gréisst | = le plus grand | = the biggest |

Le suffixe -eg donne une idée de superlatif ou d'importance relative aux adjectifs auxquels il s'ajoute, cf. très, plutôt (e).

The suffix -eg adds a superlative idea of relative importance to the adjective to which it is added, cf. very, rather.

Ex.: a) Dat ass dee schéinsten Dag a mengem Liewen
= Das ist der schönste Tag meines Lebens.
C'est là le plus beau jour de ma vie.
That's the finest day in my life.

b) De leschten ass de beschten.
= Der letzte ist der beste.
Le dernier est le meilleur.
The last is the best.

c) Esou hunn ech dech am léifsten.
= So habe ich dich am liebsten.
C'est ainsi que je te préfère.
This is the way I love you best.

d) Den zweete Film dauert am längsten.
= Der zweite Film dauert am längsten.
Le deuxième film dure le plus longtemps.
The second film lasts longest.

e) dee groussegen Honn; dat villegt Waasser
= dieser gewaltige Hund; diese große Menge Wasser
ce chien imposant; cette grande masse d'eau
this imposing dog; this large quantity of water

*Remarque 1:*

Dans une phrase énonçant un rapport entre deux grandeurs, les deux propositions comparées entre elles sont introduites par *wat*.

Ex.: Wat méi frech, wat méi domm.

*Note 1:*

In a sentence stating a link between two magnitudes, the two clauses which are being compared are introduced by *wat*.

= Je frecher, desto dümmer.
Son insolence n'a d'égale que sa bêtise.
The ruder the sillier.

Wat den Dag méi helleg, wat der Däiwel méi rosen.
= Je heiliger der Tag, desto wütender der Teufel.
Plus la journée est sainte, plus le diable est enragé.
The holier the day, the angrier the devil.

*Distinguez:*     *Distinguish:*

| | | | |
|---|---|---|---|
| grouss | – positif | = grand | = big |
| gréisser | – comparatif | = plutôt grand | = rather big |
| gréisst | – superlatif | = le plus grand | = biggest |
| grousseg | – suffix(e) | = imposant | = imposing |

*mais*     *but*

Wat méi grouss, wat méi domm
= Je größer (älter) desto dümmer.
Plus on prend de l'âge, plus on devient sot.
The bigger (the older), the more stupid.

*Remarque 2:*

Certains degrés de comparaison peuvent s'exprimer par

1) *ewéi* souvent annoncé par *(e)sou,* suivi de l'indicatif.

   Ex.: En ass (e)sou gedëlleg (e)wéi e Schof.

2) *wéi wann* souvent annoncé par « esou » et suivi du subjonctif imparfait ou plus-que-parfait. Idée de supposition.

   Ex.: E jäizt wéi wann e geckeg wier.

3) *wat méi ... wat méi* exprime un parallélisme de degré ou de proportion.

   Ex.: Wat méi domm wat méi frech.

4) *ze (vill) ... fir datt (dass)*

   Ex.: Du bass nach ze vill gréng fir hei déck opzetrieden.

*Note 2:*

Certain degrees of comparison can be expressed by

1) *ewéi* often announced by *(e)sou* followed by the indicative.

   = Er ist so geduldig wie ein Schaf.
   Il est aussi patient qu'une brebis.
   He is as patient as a sheep.

2) *wéi wann* often announced by "esou" and followed by the subjunctive imperative or pluperfect. This expresses a supposition or hypothesis.

   = Er schreit als ob er verrückt wäre.
   Il crie comme s'il était fou.
   He yells as if he were crazy.

3) *wat méi ... wat méi* express a parallelism of degree or proportion.

   = Je dümmer desto frecher.
   Plus on est bête plus on est insolent.
   The more stupid the more insolent.

   = Du bist noch zu grün um hier groß aufzutreten.
   Tu es encore trop « vert », pour te donner ici de grands airs.
   You are still too green to give yourself airs.

## LES PROPOSITIONS SUBORDONNÉES

## CLAUSES OF SUBORDINATION

Le patois ignore une partie des conjonctions de subordination de l'allemand littéraire. Les conjonctions de coordination (qui se placent devant une proposition indépendante sans en modifier la construction) et des adverbes remplacent la plupart des conjonctions de subordination.

Luxembourgish lacks some of the subordinating conjunctions of literary German. They are mostly replaced by adverbs or by coordinating conjunctions (which precede an independent clause without modifying its construction).

### I. Propositions temporelles

### I. Temporal clauses

| | | | |
|---|---|---|---|
| a) an (d*ann*) | = als | = quand, lorsque | = when |
| b) an (*an* där Zäit) | = während | = pendant que | = while |
| c) an (déi ganzen Zäit) | = solange | = tant que | = during the time |
| d) an (dann eréischt) | = bevor | = avant que | = before |
| e) (knapps) du (schonn) | = sobald | = dès que | = as soon as |
| f) an all Kéier *oder:* all Kéier wou | = so oft | = chaque fois que | = each time |

Ex.: a) Den Zuch ass eragelaf, an d'Leit sinn erausgeklommen.
= Als der Zug angekommen war, stiegen die Leute aus.
= Lorsque le train fut arrivé, les gens descendirent.
= When the train had arrived, people got out.

b) Mir hu geschafft, an hien ass an där Zäit spadséire gaang.
= Während wir arbeiteten, ging er spazieren.
= Il se promenait pendant que nous travaillions.
= While we worked he would go for a walk.

c) Mir waren an der Vakanz an et huet déi ganzen Zäit gereent.
= Solange wir in den Ferien weilten, regnete es.
= Il pleuvait tout le temps que nous étions en vacances.
= It rained all the time we were on holidays.

d) Fir d'éischt muss de mir Beweiser bréngen, an da gleewen ech dir eréischt.
= Bevor ich dir glaube, musst du mir Beweise bringen.
= Avant que je ne te croie, tu devras m'apporter des preuves.
= Before I believe you, you'll have to give me some evidence.

e) Ech war knapps erakomm, dunn huet en ugefaangen ze blären.
= Sobald ich ins Zimmer trat, begann er zu brüllen.
= Dès que je fus entré, il commença à hurler.
= As soon as I had entered the room, he started yelling.

f) Ech hunn en oft gesinn an all Kéier sinn ech rose ginn.
= So oft ich ihn sah, wurde ich zornig.
= Chaque fois que je l'ai vu, la colère me monta.
= Each time I saw him I got angry.

## II. Propositions conditionnelles

Le rapport de condition s'exprime par la mise en parallèle de deux propositions principales dont la première – exprimant la condition, débute par le verbe personnel (avec inversion du sujet!) – et dont la deuxième est introduite par l'adverbe « dann ».

## II. Conditional clauses

The conditional state is expressed by two parallel main clauses. The first stating the condition, is introduced by the personalized verb (with the subject inverted) and the second is introduced by the adverb "dann".

Ex.: Kënns de net geschwënn, da soen ech dir eppes anescht.
= Falls du nicht bald kommst, werde ich dir was anderes sagen.
= Si tu ne viens pas de sitôt, je te dirai autre chose (je t'en ferai voir).
= If you don't come soon, I'm going to tell you a thing or two.

Bréngt der eis nach en Humpen, da bleiwe mer.
= Falls ihr uns noch ein Bier bringt, bleiben wir.
= Si vous nous servez une autre bière, nous resterons.
= If you bring us another beer, we shall stay.

## III. Propositions consécutives

## III. Consecutive clauses

Ex.: a) Ech muss kräischen, esou glécklech sinn ech
*plutôt que / rather than*

Ech sinn esou glécklech dass ech kräische muss.
= Ich bin so glücklich, dass ich weinen muss.
= Je suis si heureux que je dois pleurer.
= I am so happy that I must cry.

b) D'Loft war esou kloer, 't huet ee bis op Arel gesinn.
= Die Luft war so klar, dass man bis nach Arlon sah.
= Le ciel était tellement pur qu'on pouvait voir jusqu'à Arlon.
= The sky was so clear that one could see ass far as Arlon.

## IV. Propositions finales

## IV. Final clauses

Ex.: Maach virun, soss kënns de ze spéit.
Maach virun, da kënns de net ze spéit.

= Beeile dich, damit du nicht zu spät kommst.
Dépêche-toi pour ne pas être en retard.
Hurry up so as not to be late.

## V. Propositions causales

## V. Causal clauses

La conjonction allemande de coordination « denn » est remplacée par « well ».

The German co-ordinating conjunction "denn" is replaced by "well".

Ex.: D'Äppel sinn deier, well d'Wieder war schlecht.
= Die Äpfel sind teuer, denn das Wetter war schlecht.
= Les pommes sont chères, car le temps a été mauvais.
= Apples are expensive, because the weather has been bad.

On peut également renverser l'ordre des propositions en employant la conjonction « dofir » qui exprime la suite logique.

We can also invert the order of the clauses and use the conjunction "dofir" which expresses a logical sequitur.

Ex.: D'Wieder war schlecht, *dofir* sinn d'Äppel deier.

= deshalb
voilà pourquoi
therefore

| *VI. Propositions concessives (adversatives)* | *VI. Restrictive clauses* |
|---|---|
| ... an (dobäi) awer ... <br> wann och schonn ... da(nn) | = obwohl, obschon, obgleich <br> bien que ... <br> although ... |

Ex.: En huet et net gemat, an en hat mer et awer versprach.
  = Er hat es nicht getan, obschon er es mir versprochen hatte.
  = Il ne l'a pas fait bien qu'il me l'eût promis.
  = He didn't do it, although he had promised me to do it.

Wann ech och schonn al sinn, da mierken ech awer dach wat hei gespillt gëtt.
  = Wenn ich auch alt bin, so merke ich trotzdem was hier gespielt wird.
  = J'ai beau être vieux, je remarque quand même le jeu qu'on joue ici.
  = I may be old but I very well notice what the game here is.

En huet matgespillt, trotzdem (dass) e krank war.
  = Er spielte mit, obschon er krank war.
  = Il participa au jeu bien qu'il fût malade.
  = He joined in the game although he was ill.

| Une *restriction* s'exprime souvent par la formule: | A *restriction* is often expressed by the phrase: |
|---|---|
| 't misst grad sinn dass | = es sei denn, dass <br> à moins que <br> unless |

| suivi de l'indicatif ou du subjonctif. | followed by the indicative or the subjunctive. |
|---|---|

Ex.: Ech kommen op de Bal, 't misst grad sinn dass ech krank sinn (wier).
  = Ich werde zum Ball kommen, es müsste denn sein ich wäre krank.
  = Je viendrai au bal, à moins que je ne sois malade.
  = I'll come to the ball, unless I am sick.

| Les conjonctions allemandes *allein, doch, jedoch* sont rendues en luxembourgeois par *awer* ou par *ma, mee* (cf. français mais) ou par *an dach* avec inversion du sujet et du verbe. | The German conjunctions *allein, doch, jedoch* are rendered in Luxembourgish by *awer* or by *ma, mee* or else by *an dach* with the inversion of the subject and the verb. |
|---|---|

Ex.: Ech hu vill geschwat, ma (awer) hien huet net nogelauschtert.
  = Ich habe viel geredet, aber er hat mir nicht zugehört.
  = J'ai beaucoup parlé, mais il ne m'a pas écouté.
  = I talked a lot, but he didn't listen to me.

Ech hunn et gutt erkläert, an dach huet hien näischt verstan.
  = Ich habe es gut erklärt, und trotzdem verstand er nichts.
  = Je l'ai bien expliqué et pourtant il n'a rien compris.
  = I explained it well, and yet he didn't understand anything.

## LES PROPOSITIONS TEMPORELLES

## TEMPORAL CLAUSES

peuvent aussi commencer par la conjonction *wéi*, qui est reprise par l'adverbe temporel *du, dunn*, et précisée par un autre adverbe dans la principale.

may also start by the conjunction *wéi*, resumed by the temporal adverb *du, dunn*, and qualified by another adverb in the main clause.

*Wéi* peut ainsi traduire les nuances suivantes:

*Wéi* can express the following nuances:

| | | |
|---|---|---|
| als | quand, lorsque | when |
| solange | tant que | as long as |
| während | pendant que | while |
| sobald | aussitôt que | as soon as |

Ex.: Esou bal wéi mer do waren, du gong de Koméidi lass.
 = Sobald wir da waren, begann das Geschrei.
 = Aussitôt après notre arrivée, l'esclandre commença.
 = Hardly had we arrived, when the row started.

Quelques autres conjonctions temporelles:

Some other temporal conjonctions:

| | | | |
|---|---|---|---|
| All Kéier wann ... da | jedesmal wenn | chaque fois que | every time |
| iers ... de | bevor | avant que | before |
| zanter dass | seitdem | depuis que | since |
| iwwerdeem | während | pendant que | while |
| bis dass | bis | jusqu'à ce que | till |

Ex.: All Kéier wann ech e gesinn, da muss ech katzen.
 = Jedesmal wenn ich ihn sehe, muss ich kotzen.
 = Chaque fois que je le vois, je dois vomir (j'ai un haut-le-cœur, j'ai mal au cœur).
 = Every time I see him, I have to vomit.

Du bass verluer iers de dech ëmsinn hues.
 = Du bist im Handumdrehen verloren.
 = Tu es perdu avant que tu ne réalises.
 = You are lost before you realize it (in no time).

Zanter dass e mat deem Meedche geet, ass näischt méi mat em lass.
 = Seit er mit diesem Mädchen ausgeht, ist nichts mehr los mit ihm.
 = Depuis qu'il sort avec cette jeune fille, il n'est plus bon à rien.
 = Since he's been going out with that girl, he is no good any more.

Iwwerdeems du hei toz, fiert den Zuch fort.
 = Während du hier quatschst, fährt der Zug weg.
 = Pendant que tu radotes ici, le train s'en va.
 = While you chat away here, the train is leaving.

Waart bis ech fäerdeg sinn.
 = Warte bis ich fertig bin.
 = Attends que je sois prêt.
 = Wait for me to be ready (till I'm ready).

Wéi den Dokter koum, du war et ewell laang ze spéit.
 = Als der Arzt kam, war es schon lange zu spät.
 = Quand le docteur arriva, il fut déjà beaucoup trop tard.
 = When the doctor finally arrived, it was much too late already.

Esou laang, wéi mer an der Vakanz waren, huet hien sech geschéckt.
= Solange wir in Ferien waren, benahm er sich anständig.
= Tant que nous étions en vacances, il se conduisait bien.
= He behaved all right as long as we were on holiday.

La *condition* s'exprime par *wann*, facultativement repris par *da(nn)*.

The *condition* is expressed by *wann* optionally resumed by *da(nn)*.

Ex.: Wann der eis net goe loosst, da ruffe mer d'Police.
= Wenn ihr uns nicht in Ruhe lasst, dann rufen wir die Polizei.
= Si vous ne nous laissez pas en paix, nous appellerons la police.
= If you don't leave us alone, we are going to call the police.

*Wann* se trouve aussi après des locutions exprimant un sentiment.

*Wann* can also follow phrases expressing a feeling.

Ex.: Ech si frou wann et him gutt geet.
= Ich bin froh wenn es ihm gut geht.
= Je suis content s'il va bien.
= I'm glad if he does well.

La *conséquence* s'exprime par la conjonction *datt, dass*, qui peut être annoncée dans la principale par *(e)sou*.

The *consequence* is expressed by the conjunction *datt, dass*, which can be announced in the main clause by *(e)sou*.

Ex.: Ech ginn der eng dass de d'Stäre gesäis.
= Ich werde dir eine Ohrfeige versetzen, dass dir Hören und Sehen vergeht.
= Je te donnerai une gifle qui te fera voir les étoiles.
= I'll give you a blow and you'll see stars.

En ass esou frech, dass ee fäert en ze begéinen.
= Er ist so frech, dass man fürchtet ihm zu begegnen.
= Il est si insolent qu'on redoute de le rencontrer.
= He is so insolent that one is afraid of meeting him.

La *finalité* s'exprime par:

*Finality* is expressed by:

a) *fir datt, fir dass* (pour que) ou par *datt, dass*.

a) *fir datt, fir dass*, or by *datt, dass*.

Ex.: Hie goung op den Zéiwespëtze fir dass keen eppes sollt mierken.
= Er ging auf den Zehenspitzen, damit niemand etwas merke.
= Il allait sur la pointe des pieds pour que personne ne remarquât rien.
= He went on tiptoes so that nobody should notice anything.

b) à l'aide d'un infinitif introduit par *fir ze* (pour) (allemand: um zu).

b) by means of an infinitive introduced by *fir ze* (for) (German: um zu).

Ex.: Si komme fir eis rosen ze man, net fir eis ze hëllefen.
= Sie kommen um uns zu ärgern, nicht um uns zu helfen.
= Ils viennent pour nous fâcher, pas pour nous aider.
= They come to make us angry, not to help us.

*Remarque:*

*Note:*

Cette construction avec *fir ze* peut aussi exprimer

This construction with *fir ze* can also express

a) l'infinitif substantive et précédé de « zum » et

a) a nominalized infinitive preceded by "zum" and

b) l'infinitif amené par *ze*.

b) an infinitive demanded by *ze*.

Il y a d'autres constructions utilisant l'infinitif de finalité exprimé par « fir ze ».

There are other constructions making use of the infinitive of finality expressed by "fir ze".

Ex.: a) 't ass fir ze laachen.  = Das ist zum Lachen.
 = C'est ridicule.
 = It's ridiculous.

b) Gitt mir eppes z'iessen.  = Gebt mir etwas zu essen.
 = Donnez-moi quelque chose à manger.
 = Give me something to eat.

Ech si frou fir ze raschten.  = Ich bin froh mich auszuruhen.
 = Je suis content de me reposer.
 = I'm glad to have a rest.

# LE STYLE INDIRECT

Le style indirect rapporte les constatations, les questions, les sentiments et les intentions d'un tiers sous forme de propositions dépendantes.

    Ex.: Hie seet hie wär räich.

    E wëllt e wär erëm gesond.

    Si hätte gär, mir sollte bei hinne bleiwen.

Les propositions *énonciatives* se mettent au subjonctif imparfait ou plus-que-parfait. Elles sont construites comme des propositions indépendantes, c'est-à-dire sans conjonction.

    Ex.: Hie sot hie kéim eréischt mar.

Du mengs bestëmmt, hien hätt gëschter net geschafft.

La proposition *interrogative* est une proposition dépendante introduite par

1) *ob* si la question porte sur toute la phrase

    Ex.: Ech wéisst gär, obs de d'accord bass.

2) par un pronom ou un adverbe *interrogatif* (repris souvent par *datt, dass*) si la question ne porte que sur une partie de l'énoncé.

    Ex.: So mer dach mat wiems de grad geschwat hues.

    Mir wollte wësse wou säi Fouss em géing wéi doen.

Dans 1) et 2) le verbe est rejeté à la dernière place.

# REPORTED SPEECH

Reported speech expresses statements, questions, feelings and intentions of a third person in the form of secondary clauses.

= Er sagt er sei reich.
= Il dit qu'il est riche.
= He says he is rich.

= Er wollte er wäre wieder gesond.
= Il aimerait retrouver sa santé.
= He wishes he was well again.

= Sie hätten gerne, wir sollten bei ihnen bleiben.
= Ils aimeraient que nous restions auprès d'eux.
= They would like us to stay with them.

*Statements* will take the form of the past or the pluperfect of the subjunctive, used in independent sentences, i.e. without any conjunction.

= Er sagte er käme erst morgen.
= Il disait qu'il viendrait seulement demain.
= He said he'd come only tomorrow.

= Du glaubst sicherlich, er habe gestern nicht gearbeitet.
= Tu crois certainement qu'il n'a pas travaillé hier.
= You surely think that he hadn't worked yesterday.

The *interrogative* sentence is a secondary clause introduced by

1) *ob* if the question concerns the whole sentence

= Ich wüsste gerne ob du einverstanden bist.
= J'aimerais savoir si tu es d'accord.
= I'd like to know if you agree.

2) by an *interrogative* pronoun or adverb (often taken up by *datt, dass*) if the question relates only to part of the statement.

= Sag mir doch mit wem du eben sprachst.
= Dis-moi donc à qui tu viens de parler.
= Just tell me who you spoke to just now.

= Wir wollten wissen wo sein Fuß ihn schmerze.
= Nous voulions savoir où son pied lui faisait mal.
= We wanted to know where his foot was aching.

In 1) and 2) the verb comes at the end of the sentence.

Dans les ordres, les prières et les conseils, nous employons le semi-auxiliaire *sollen,* au présent ou au prétérit selon le rapport de temps. Les formes du subjonctif de « sollen » sont identiques à celles de l'indicatif.

    Ex.: Mäi Papp huet gesot ech soll bei iech laanscht kommen.

*Datt, dass* sert à introduire des propositions indirectes qui expriment un *sentiment;* l'indicatif énonce le simple fait, le subjonctif exprime la pensée d'un tiers.

    Ex.: En huet sech opgeregt dass dat him passéiert wär (war).

To express orders, requests and advice, the semi-auxiliary *sollen* is used in the present or in the past according to the time sequence. The subjunctive forms of "sollen" are identical with those of the indicative.

= Mein Vater sagte ich sollte bei Ihnen vorbeigehen.
= Mon père me disait de passer chez vous.
= My father told me to call on you.

*Datt, dass* can also introduce reported sentences expressing a *feeling;* the indicative expresses the plain fact, the subjunctive expresses another person's opinion.

= Er regte sich darüber auf, dass das ihm geschehen sei.
= Il se fâchait du fait que cela lui fût arrivé, à lui.
= He worried (about the fact) that this had happened to him.

*Et ass zimlech fiicht* (cf. verso)

# ILLUSTRATIONS DU STYLE INDIRECT

Wéi den Ellenspill emol eng Kéier zu Prag war, du huet e behaapt, hie wär e grousse Meeschter, deen op all Fro kënnt äntwerten.

De Recteur vun der Universitéit war béis iwwer déi Brätzegkeet an en huet sech virgeholl, en op d'Prouf ze stellen.

E frot e, wou d'Mëtt vun der Welt wier. Den Till huet geäntwert, e sollt eng Iel huelen a moossen, da géif en erausfannen, datt se grad do wär, wou si séizen.

Duerno hunn d'Professere gefrot, ob en hinnen dann och kënnt soen, wivill Drëpse Waasser Dag fir Dag am Mier zesummegelaf wären, zënter datt d'Welt bestéing.

De Schallek sot, e kënnt d'Mierwaasser nëmme genee moossen an hinne Bescheed ginn, wa si et fäerdeg briechten, all Waasser opzehalen.

Du soten d'Häre sech, si hätten e léiwer net solle froen.

Als Eulenspiegel einmal in Prag war, behauptete er, er sei ein großer Meister, der alle Fragen beantworten könne.

Der Rektor der Universität war über diese Prahlsucht erbost und beschloß, ihn zu prüfen.

Er fragte ihn, wo die Mitte der Welt sei. Till erwiderte, er solle eine Elle nehmen und messen; er werde herausfinden, dass sie gerade da sei, wo sie säßen.

Darauf fragten die Professoren, ob er ihnen auch sagen könne, wieviel Tropfen Wasser seit der Erschaffung der Welt Tag für Tag im Meer zusammengeflossen seien.

Der Schalk entgegnete, er könnte das Meerwasser genau messen und ihnen Bescheid geben, wenn sie es fertig brächten, alle Gewässer stillstehen zu lassen.

Da sagten die Herren sich, sie hätten ihn nicht fragen sollen.

28. Geschichte des Volksbuchs von Eulenspiegel (1515)

# TEXT ILLUSTRATION OF REPORTED SPEECH

Quand Til l'Espiègle séjournait à Prague, il prétendit qu'il était un grand maître capable de répondre à toutes les questions.

Le recteur de l'université se fâcha de cette fanfaronnade et décida de le mettre à l'épreuve.

Il lui demanda où se trouvait le centre de la terre.

Til répondit qu'il devait prendre une aune et mesurer, ainsi il constaterait que c'était exactement l'endroit où ils se trouvaient.

Les professeurs lui demandèrent s'il pouvait leur dire combien de gouttes d'eau s'étaient rassemblées dans la mer au fil des jours, depuis la création du monde.

Le pince-sans-rire répliqua qu'il ne pourrait mesurer l'eau de la mer et leur donner le renseignement voulu que s'ils réussissaient à arrêter tous les cours d'eau.

Alors ces messieurs se disaient qu'il eût été préférable de ne pas l'interroger.

28ᵉ histoire du livre populaire de Til l'Espiègle (1515)

When Tyl Ulenspygel once stayed in Prague, he pretended that he was a great master that could answer any question.

The Vice-chancellor of the University went angry about this bragging and he made up his mind to test him.

He asked him, where the middle of the earth was.

Tyl answered he should take an ell (yard-stick) and measure; he would then notice, that it was exactly there where they sat.

Then the professors asked him if he could tell them, too, how many drops of water had assembled into the sea, day by day ever since the creation of the earth.

The jester replied he could only measure the sea-water exactly and give them the necessary information if they succeeded in stopping the waters altogether.

Now the gentlemen said to themselves they rather should not have questioned him.

28th story of the popular book of Thyl Ulenspygel (1515)

## LES PRÉPOSITIONS

En règle générale toutes les prépositions luxembourgeoises s'emploient avec le datif.

>Ex.: Hie geet mat *dem* Papp spadséiren

>Hie geet mat *der* Mamm spadséiren.

>Hie geet mat *dem* Meedchen spadséiren.

Je rappelle la déclinaison

a) de l'article défini

|  | Nominatif (common case) | Datif (dative case) | Génitif (genitive case) |

b) de l'article indéfini

Nominatif (common case)
Datif (dative case)
Génitif (genitive case)

Même les prépositions régissant en allemand le génitif (cf. allemand wegen) s'emploient en luxembourgeois de préférence avec le datif.

>Ex.: Wéin(s)t dem schlechte Wieder

*Remarque:*

Le datif de l'article défini masculin ou neutre s'abrège souvent en EM ou M par assimilation avec la préposition.

>Ex.: mat dem Papp – mam Papp

>wéinst dem Wieder – wéinstem Wieder

>virun dem Haus – vrum Haus

>no dem Fest – nom Fest

>bei dem Waasser – beim Waasser

>hanner dem Auto – hannerem Auto

>ënner dem Vollek – ënnerem Vollek

## PREPOSITIONS

As a rule all the Luxembourgish prepositions are used with the dative case.

>= Il se promène avec le père.
>= He goes for a walk with his father.

>= Il se promène avec la mère.
>= He goes for a walk with his mother.

>= Il se promène avec la jeune fille.
>= He goes for a walk with the young girl.

I recall the table of declension

a) of the definite article

| | m. | f. | n. | pl. |
|---|---|---|---|---|
| Nominatif (common case) | de(n) | d' | d' | d' |
| Datif (dative case) | dem | der | dem | de(n) |
| Génitif (genitive case) | des | der | des | der |

b) of the indefinite article

| | | | |
|---|---|---|---|
| Nominatif (common case) | (en) | eng | (en) |
| Datif (dative case) | engem | enger | engem |
| Génitif (genitive case) | enges | enger | enges |

Even the prepositions followed in German by the genitive (cf. German wegen) are normally used in Luxembourgish with the dative case.

>= Wegen des schlechten Wetters.
>= A cause du mauvais temps.
>= Because of (the) bad weather.

*Note:*

The dative case of the masculine and neuter definite article DEM is often shortened to EM or M.

>= avec le père
>with the father

>= à cause du temps
>because of the weather

>= devant la maison
>in front of the house

>= après la fête
>after the celebration

>= au bord de l'eau
>by the water

>= derrière la voiture
>behind the car

>= parmi les gens
>among the people

| | | |
|---|---|---|
| an dem Basseng – am Basseng | = | dans le bassin<br>in the basin |
| iwwer dem Kapp – iwwerem Kapp | = | par-dessus la tête<br>over the head |
| vun dem Hond – vum Hond | = | du chien<br>from the dog |
| aus dem Tram – aussem Tram | = | descendre du tram<br>out of the tramway (streetcar) |
| laanscht dem Haus – laanschtem Haus | = | le long de la maison<br>along the house |
| op dem Hiwwel – oppem (um) Hiwwel | = | sur la colline<br>on the hill |
| niewent dem Schapp – niewtem Schapp | = | à côté du hangar<br>beside the shed |
| niewen der Mauer – niewter Mauer | = | beside the wall<br>à côté du mur |

Si l'on veut exprimer la direction ou le but d'un *mouvement* on emploie la même préposition de lieu avec l'accusatif (pareil au nominatif).

To express the direction or goal of a *movement*, we use the preposition of place in the accusative case (similar to the nominative = common case).

Ainsi on répond à la question WOUHINNER?

We thus answer the question WOUHINNER?

| | | |
|---|---|---|
| Ex.: e fiert mam Vëlo op den Hiwwel | = | il monte la colline en vélo<br>he rides up the hill on his bike |
| e leeft duerch de Park | = | il traverse le parc en courant<br>he runs across the park |
| e rennt virun d'Haus | = | il court devant la maison<br>he runs to the front of the house |
| d'Waasser leeft an de Basseng | = | l'eau coule dans le bassin<br>the water flows into the basin |

Pour les prépositions précédant les noms *féminins*, la différence entre la position de repos et de mouvement est la suivante:

Notice the following difference concerning the states of rest and movement expressed by prepositions preceding *feminine* nouns.

| | | |
|---|---|---|
| e souz op der Mauer | = | il était assis sur le mur<br>he sat on the wall |
| e klëmmt op d'Mauer | = | il grimpe sur le mur<br>he climbs on the wall |
| en ass iwwer der Bréck | = | il se trouve au-dessus du pont<br>he is above the bridge |
| e flitt iwwer d'Bréck | = | il vole par-dessus le pont<br>he flies over the bridge |

| | |
|---|---|
| Le datif s'emploie pour exprimer le départ ou l'origine | The dative is used to express the departure or the origin. |

    e kënnt vum Bierg (masc.) = il vient de la montagne / he comes from the mountain

    e kënnt vun der Bréck (fém.) = il vient du pont / he comes from the bridge

    e kënnt vum Mier (neutre) = il vient de la mer / he comes from the sea

Certaines prépositions régissent toujours l'accusatif. / Certain prepositions are always used in the accusative case.

    géint = contre / against

    fir = pour / for

    ouni = sans / without

    ëm, ronderëm = autour / around

E gewënnt géint de Géigner, d'Fra, d'Meedchen = Il gagne contre l'adversaire, la femme, la fille / he wins against the opponent, the woman, the girl

Dat ass fir de Mupp, fir d'Kaz, d'Hinkel = Ceci est pour le chien, le chat, le poussin / This is for the dog, the cat, the chicken

E rennt ëm de Kamäin, d'Mauer, d'Haus = Il court autour de la cheminée, du mur, de la maison / He runs around the chimney, the wall, the house

Et geet och ouni de Kaméidi, d'Hëllef, d'Mod = On peut se passer du bruit, de l'aide, de la bonne / We can do without the noise, the help, the housemaid

*E kënnt vun der Bréck*

Tableau des prépositions qui régissent le datif pour indiquer la position et l'accusatif pour traduire le mouvement ou la direction.

Table of the prepositions governing the dative to express a position and the accusative to translate the movement or the direction.

| Lux. | F. | E. |
|---|---|---|
| an (am), | à, dans, | in at, |
| bei, | près de – , | near, |
| ënnert, | sous – , | under, |
| op, | sur – , | on, |
| virun (vrun), | devant – , | before, |
| hannert, | derrière – , | behind, |
| iwwer(t), | par-dessus, | over, above, |
| laanscht, | le long de, | along, |
| niewent, | à côté, | at (on), the side of, |
| tëschent, | entre, | between, |
| un, | à, sur, | on, |
| widder, | contre, | against. |

Certaines prépositions s'emploient uniquement avec le datif:

Certain prepositions are only followed by the dative case:

| | | |
|---|---|---|
| aus, | (sortir) de – , | out of, |
| vun, | (venir) de – , | from, |
| mat, | avec, | with, |
| no, | après, | after, |
| zou, | à (lieu), | at. |

D'autres prépositions exigent l'accusatif p.ex.:

Other prepositions govern the accusative:

| | | |
|---|---|---|
| duerch, | à travers, par, | through, by, |
| fir, | pour, | for, |
| géint, | contre, | against, |
| ouni, | sans, | without, |
| ëm, ronderëm, | autour, | round. |

Comme les noms ne présentent qu'un seul cas, la différence apparaît seulement dans les formes de l'article défini ou infini:

As nouns have only one case, the difference shows itself only in the forms of the definite or indefinite article:

| Ex.: e souz op enger Mauer, | il était assis sur un mur, | he sat on a wall, |
|---|---|---|
| e klëmmt op d'Mauer, | il grimpe sur un mur, | he climbs on a wall, |
| en ass an dem (am) Park, | il est au parc, | he is in the park, |
| e geet an de Park, | il va au parc, | he goes to the park. |

Les verbes de mouvement les plus courants utilisés avec les prépositions suivies de l'accusatif sont:

| | | |
|---|---|---|
| fueren, | e fiert, | si fueren, |
| goen, | e geet, | si ginn, |
| fléien, | e flitt, | si fléien, |
| reesen, | e reest, | si reesen, |
| lafen, | e leeft, | si lafen, |
| rennen, | e rennt, | si rennen, |
| stellen, | e stellt, | si stellen, |
| setzen, | e setzt, | si setzen, |
| leeën, | e leet, | si leeën, |
| geheien, | e geheit, | si geheien, |

The most current verbs of movement used with the prepositions followed by the accusative are:

| | |
|---|---|
| aller en voiture, | to drive, |
| aller, | to walk, |
| voler, | to fly, |
| voyager, | to travel, |
| courir, | to run, |
| courir, | to run, |
| poser, | to put, |
| mettre debout, | to put, |
| mettre, coucher, | to lay, |
| jeter, | to throw. |

*Remarque:*

Certains verbes peuvent être suivis par des compléments prépositifs.

Ex.: De Jemp schwätzt iwwer seng Rees.

Ech schwätze mam Direkter.

D'Nicole dreemt vun der Vakanz.

De Papp schwätzt iwwer d'Zensur.

Den Néckel denkt u seng Pensioun.

*Note:*

Certain verbs can be followed by prepositional complements.

= Jean-Pierre parle de son voyage.
  John-Peter speaks about his trip.

= Je vais parler au directeur.
  I'm speaking to the headmaster.

= Nicole rêve des vacances.
  Nicole dreams of her holidays.

= Le père parle du bulletin.
  The father speaks about the report.

= Nic pense à sa pension.
  Nik thinks of his pension.

**Tableau des principales prépositions locatives:**

| English | Français | Préposition Lux. |
|---|---|---|
| in | dans, au, en | an (dran) |
| out | en dehors | aus (draus) |
| on | sur, au-dessus | op (drop) |
| off | (descendre) de | of, af |
| under | en-dessous, en bas, sous | ënner (drënner) |
| over | de l'autre côté | iwwer (driwwer) |
| behind | derrière, en arrière | hanner (dohanner) |
| before | devant | vir |
| about | autour | ëm (drëm) |
| around | aux environs de | |

**Table of the main locative prepositions**

| Mouvement / Movement | Adv. de lieu / Adv. of place | Repos / Rest |
|---|---|---|
| eran | bannen | dobannen, heibannen |
| eraus (aus) | baussen | dobaussen, heibaussen |
| erop | uewen | do uewen |
| erof | ënnen | dodrënner, do ënnen |
| erënner | ënnen | donidden |
| eriwwer | driwwer | dodriwwer |
| – | hannen | dohannen |
| ervir | vir | – |
| erëm | drëm | ronderëm |

# CONSTRUCTION DE LA PHRASE

# SENTENCE STRUCTURE

Suite normale des mots

Normal word order

        Ech gesinn den Auto op der Strooss
        1     2           3          4

sujet + verbe + complément d'objet + complément circonstanciel

subject + predicate + objet + adverbial adjuncts

Quand il y a deux compléments d'objet, l'objet indirect précède l'objet direct

If a verb is followed by two objects, the indirect object precedes the direct object

        Ech ginn him d'Buch herno

= je vais lui donner le livre plus tard
= I'll give him the book later

Si pour une raison de style il y a inversion de cet ordre, le complément circonstanciel ou temporel peut prendre la première place; le verbe garde toujours sa deuxième place et est suivi par le sujet.

If however this order is inverted for reasons of style, the adverbial adjunct opens the clause, the verb keeps its second position and is followed by the subject.

        Herno gesi mir dat

= cela, nous (le) verrons plus tard
= we're going to see that later

Ceci est vrai pour les formes définies du verbe, non pas pour les infinitifs et participes qui se mettent à la fin de la phrase.

This holds good for the finite forms of the verb, but not for the infinitives and participles which are placed at the end of the clause.

        Hie kann keng dräi Wierder op englesch soen

= il ne peut pas dire trois mots en anglais
= he can't say three words in English

        D'Kanner mussen haut vill léieren

= les enfants doivent apprendre beaucoup aujourd'hui,
= children must learn a lot today

Certains verbes se construisent avec l'infinitif sans la particule ZE (E.: to; G.: zu)

Certain verbs govern the infinitive form without ZE (E.: to; G.: zu)

a) surtout des verbes auxiliaires

a) especially auxiliaries

        wëllen

= vouloir
= to want

        sollen

= devoir
= to be obliged to (shall)

        mussen

= devoir
= to have to (must)

        kënnen

= pouvoir, savoir
= to be able to (can)

Hie kann net schreiwen an hie wëllt net schreiwen

= il ne sait et ne veut pas écrire
= he can't write and doesn't want to write

        Hie muss heem goen

= il doit rentrer
= he must go home

| | | |
|---|---|---|
| b) des verbes de mouvement | | b) verbs of movement |
| | lafen | = courir<br>= to run |
| | goen | = aller<br>= to walk |
| | kommen | = venir<br>= to come |
| | fueren | = aller en voiture<br>= to drive |
| | Hie kënnt mech sichen | = il vient me chercher<br>= he comes to fetch (or meet) me |
| | Ech gi kucken | = je vais voir<br>= I'll go and see |
| c) d'autres verbes, comme p.ex.: | | c) other verbs such as |
| | léiren | = apprendre<br>= to learn |
| | Hie léiert liesen | = il apprend à lire<br>= he learns to read |

La particule ZE s'emploie avec:

The particle ZE is used with:

a) les verbes de finalité avec FIR ZE (= pour)

a) verbs of finality with FIR ZE (= to)

b) certains verbes de position

b) certain verbs of position

| | | |
|---|---|---|
| | stoen | = être debout<br>= to stand |
| | sëtzen | = être assis<br>= to sit |
| | leien | = être couché<br>= to lie |
| | Se leien do ze schlofen | = ils sont couchés là et dorment<br>= they lie there and sleep |

c) quelques autres verbes, comme

c) some other verbs, such as

| | | |
|---|---|---|
| | wëssen | = savoir<br>= to know |
| | ophalen | = s'arrêter<br>= to stop |
| | ufänken | = commencer<br>= to start |
| | probéiren | = essayer<br>= to try |
| | Hal op ze fuddelen | = arrête de tricher<br>= stop cheating |

| | |
|---|---|
| *Remarque:* | *Note:* |
| La préposition MAT peut remplacer ici ZE | The preposition MAT can be substituted for ZE |

        Fänk u mat schwätzen = commence à parler
= start speaking

        Hal op mat fëmmen = cesse de fumer
= stop smoking

d) après des conjonctions comme OUNI ZE (= sans que)    d) after conjunctions such as OUNI ZE (= without)

    En huet et gemat ouni ze laachen = il l'a fait sans rire
= he did it without laughing

*Se leien do ze schlofen*

## RÈGLE DU « N » MOBILE (ÄIFELER REGEL)

Un mot se terminant par -n conserve cet -n lorsque le mot suivant commence par une voyelle ou par une des cinq consonnes d, h, n, t, z; devant toutes les autres consonnes cet -n final disparaît, à moins qu'il ne soit accentué ou suivi d'une virgule.

(Truc mnémotechnique: Remplacez h par a, ignorez le t et vous avez le mot: Danz, le luxembourgeois pour F. la danse).

## THUMB RULE FOR "MOBILE N"

A word ending in -n keeps this -n only if it is directly followed by a vowel or one of the following 5 consonants: d, h, n, t, z; before any other consonant it is dropped unless stressed or followed by a comma.

(Mnemonic trick: Replace h by a, forget about the t and you get the word: Danz, Lux. for E. dance (noun).

Ex.: Den dommen Dittchen dréit den décken Dëmmi duerch dat dreckegt Duerf
   Le stupide Dittchen (Théodore) porte le gros Dominique à travers le village sale
   The silly Dittchen (Ted) carries the big Demy through the dirty village.

Droge maache futti
Les drogues (vous) ruinent
Drugs kill

Den Zuch ass fir den Toni an den Norbert
Le train est pour Antoine et Norbert
The train is for Tony and Norbert

Den Heng ass krank
Henri est malade
Henry is ill

| | |
|---|---|
| *Une curiosité linguistique:* | *A linguistic curiosity:* |

## FLEXION DES PRONOMS, DES ADVERBES ET DES CONJONCTIONS | FLEXION OF PRONOUNS, ADVERBS AND CONJUNCTIONS

Devant un pronom personnel de la deuxième personne du singulier (parfois aussi devant ceux de la première et de la troisième personne du pluriel) les pronoms, les adverbes et les conjonctions introduisant une proposition secondaire prennent la désinence verbale respective.

-s devant le pronom de la deuxième personne du singulier

-e(n) devant les deux autres personnes.

Ex. 1 Wats du net alles sees
  = was du nicht alles sagst
  = sans blague
  = seriously?

 2 Wats du mech scho bedrunn hues, dat geet op keng Kouhaut
  = was du mich schon betrogen hast, das geht nicht auf eine Kuhhaut
  = il m'est impossible de dire combien tu m'as déjà roulé
  = I can't tell how often you have done me already

 3 Wanns d'awer mengs, datts de sou këns weiderfueren, da froen ech mech ...
  = wenn du aber glaubst, dass du so weiterfahren darfst, dann frage ich mich ...
  = si cependant tu t'imagines pouvoir continuer ainsi, je me demande ...
  = if, however, you imagine you can go on in this way, I wonder ...

 4 Wate mir hinne scho gehollef hunn, datt en se solle virukommen, dat gleeft kee Mënsch
  = was wir ihnen schon geholfen haben, dass sie weiterkommen sollen, das glaubt kein Mensch
  = ce que nous les avons aidés déjà pour les faire avancer, personne ne le croira
  = nobody will believe how much we have already helped them to get on in life

---

Before a personal pronoun of the second person singular (sometimes also before those of the first and third person of the plural) the pronouns, adverbs and conjunctions introducing a secondary clause take on the corresponding verbal ending.

-s before a pronoun of the second person singular

-e(n) before the two other persons.

# VINGT EXERCICES GRAMMATICAUX DE BASE AVEC CORRIGÉ
# TWENTY BASIC GRAMMAR EXERCISES WITH KEY

*(Grammar Reference Tables)*

Ex. 1 sinn:

1) Ech ... an der Stad. 2) Si ... net hei? 3) Mir ... zu Esch. 4) Wou ... dir? 5) Du ... zimlech midd. 6) Hatt ... net ganz frou. 7) Et ... mir eng Éier. 8) Wat ... den Här Muller? 9) Hien ... net do. 10) Wéi ... et?

Ex. 2 hunn:

1) Mir ... ... neien Auto. 2) Ech ... vill Gléck an ... Loterie. 3) ... si Kanner? Jo, si ... zwee Bouwen. 4) Dir ... eng gutt Rees gemat. 5) Wien ... mäi Buch? 6) D'Kanner ... eng schéi Vakanz. 7) Du ... e puer gemittlech Stonnen hei verbruet. 8) Hatt ... net vill Freed an der Schoul. 9) Si ... keng Ursaach fir sou frech ze sinn.

Ex. 3 The Articles:

1) Ech wënschen dir ... schéinen Dag, ... gutt Rees, ... flotten Openthalt an ... gutt Erhuelung zu Munneref am Bad. 2) Wou ass ... alen Auto? 3) Gëschter hunn ech ... lëschteg Kiermes gefeiert. 4) ... Mann an ... Fra wunnen zu Bréissel. 5) ... Meedchen an ... Mamm fueren op Paräis. 6) ... Freed war ganz grouss, well ... Mod hat extra gutt gekacht. 7) Ech sinn ... Ben Schmit. 8) ... Buch an ... Heft sinn zimlech deier, mä mir brauchen se fir ... Cours. 9) ... Här Faber an ... Madame Muller kennen sech gutt. 10) ... Haus steet an ... Groussgaass. 11) ... Brudder an ... Schwëster ginn an ... Kino. 12) ... Land wou mer liewen ass zimlech kleng, an och guer net sou reng.

Ex. 4 Wat ass dat? Insert the definite and indefinite articles:

Dat ass ... Haus, Strooss, Dir, Fënster, Jong, Meedchen, Fra, Maschinn, Hond, Kaz, Fieder, Frënd, Mann, Tata, Monni, Kollegin, Sekretär, Direkter, Bomi, Bopa, Duechter, Noper, Nopesch, Stonn, Freed.

Ex. 5 Fill in the correct endings and insert the article:

1) Du schaff... op ... Schmelz. 2) Hie fëmm... zevill. 3) Dir schreif... ... laange Bréif. 4) Si kuck... ... Televisioun. 5) Hatt wënsch... mir fir ... Gebuertsdag. 6) Du wunn... an ... flotten Haus. 7) Dat kasch... bal näischt. 8) Ech héir... net mat deem Ouer. 9) Däerf ech stéir...? 10) Wéi stell... du dir dat vir? 11) Fir wat verziel... dir ons déi Geschicht net? 12) Si hëllef... een deem aneren.

Ex. 6 kënnen:

1) Ech ... dat net verstoen. 2) Mir ... do näischt maachen. 3) Dir ... nach eng Kéier probéiren. 4) Wie ... dat scho wëssen? 5) Si ... sech net méi erënneren. 6) Du ... mir de Bockel eralafen. 7) Hatt ... mir gestuel ginn. 8) Si ... engem Leed dinn.

Ex. 7 wëllen:

1) Fir wat ... hien net erakommen? 2) Ech ... näischt domadder ze dinn hunn. 3) Du ... alles beienee maachen. 4) Hie ... bestëmmt keng Suen. 5) Mir ... dach nëmmen äert Bescht. 6) Si ... einfach net.

Ex. 8 mussen:

1) Ech ... séier op de Bus lafen. 2) Si ... haut den Owend déi Verbë widderhuelen. 3) Dir ... iech dat gutt iwwerleeën. 4) Hatt ... geschwë fortgoen? 5) Mir ... lo ophalen.

Ex. 9 däerfen (dierfen):

1) Du ... roueg erakommen. 2) Mir ... si haut net stéiren. 3) Si ... nach eng Kéier laanscht kommen. 4) Ech ... zimlech haart hei schwätzen. 5) Dir ... um Apparat bleiwen. 6) Hatt ... iwwerhaapt näischt maachen.

Ex. 10 sollen:

1) Du ... déi Saach an d'Rei maachen. 2) Dir ... geschwënn erëmkommen. 3) Hie ... mir seng Freiesch emol virstellen. 4) Mir ... haut den Owend dës gelungen Hëllefsverbë léieren. 5) Si ... d'Saach net opginn an d'Klëppele bei d'Tromm geheien. 6) Ech ... iech dat erklären an ech hu selwer näischt dervu verstanen.

*Two important verbs and the personal pronouns*

    A) gesinn (to see):

Ex. 11 gesinn + accusative forms of personal pronouns:

1) Ech ... hien dacks um Maart. 2) Du ... mech ni bei Namürs. 3) Wien huet ons gëschter Owend op der Plëssdarem (Place d'Armes) ...? 4) Mir ... hatt nëmmen heiansdo. 5) Dir ... dach selwer datt dat net esou ka weidergoen. 6) Si (sg.) ... natierlech nëmmen dat wat si wëllt ... 7) Si (pl.) ... Iech muer den Owend op deem Concert. 8) Hatt ... dech zimlech gär, mengs de net?

    B) ginn (to give):

N.B. Please don't mix up ginn (to give and also auxiliary in the Passive Voice) with goen (to go)

Ex. 12 ginn (to give) + dative forms of personal pronouns:

1) Du ... mir eng nei Cassette. 2) Ech ... dir eng Beess. 3) Mir ... iech en alen Dreck. 4) Dir ... ons e schéint Buch. 5) Si ... him kee léiwt Wuert. 6) Hie ... hir eng frech Äntwert. 7) Hatt ... hinnen näischt ze verdingen/verdéngen. 8) ... (Imp. sg.) mir dach 8 Euro erëm oder ... (Imp. pl.) mir emol eng ordentlech Cassette. 9) Haut ... et näischt méi fir näischt!

Ex. 13 goen (to go) and some prepositions:

1) Ech ... an d'Schoul. 2) Si ... op d'Aarbecht. 3) Mir ... an de Kino. 4) Dir ... an de Bësch. 5) Du ... mer op d'Strëmp (op de Wecker, op d'Nerven). 6) Hatt ... mat dem Hond spadséiren. 7) Wéini ... du an d'Vakanz? 8) Hien ass nach ëmmer net bei den Dokter ...!

Ex. 14 lafen:

1) D'Eisebunn ... niewent der Strooss. 2) D'Schinne ... laanscht d'Waasser. 3) Dir ... tëschent de Leit erduerch. 4) ... du och all Owes am Bambësch dass d'Waasser nëmmen esou laanscht dech ...? 5) Neen, ech ... léiwer eleng. 6) Hatt ... zimlech vill bei d'Dokteren. 7) Mir ... keng grouss Strecke beieneen, mä zimlech regelméisseg, sou dräimol an der Woch. 8) A leschter Zäit ... net alles ronn bei him.

Ex. 15 d'Zuelen    (numbers)
       d'Auer     (time)

Wivill Auer ass et? (What's the time?)

| Et ass elo | ... 13 h | ... 11 h 50 |
|---|---|---|
| | ... 16 h 45 | ... 24 h |
| | ... 9 h | ... 12 h |
| | ... 10 h 30 | ... 7 h 15 |
| | ... 5 h 40 | ... 8 h 25 |
| | ... 13 h 30 | ... 4 h 35 |

Ex. 16 Den Datum (the date):

De wivillte si mer haut? (What's the date today?)
Haut ass

| Haut ass den | ... November 2, | ... March 5, | ... July 30, | ... August 8, |
|---|---|---|---|---|
| | ... February 15, | ... May 11, | ... June 6, | ... October 29, |
| | ... January 3, | ... April 21, | ... September 12, | ... December 14 |

Ex. 17 Mir bauen en Haus (We build a house)
Translate into Luxembourgish:

1) Where is the plan of that cottage? 2) I don't know. 3) Can you see the foundations, a wall, a gable and a chimney? 4) No, I only see the yard of the building, the cellar, the attic, one door and two big windows. 5) Who can show me the kitchen, the bathroom or the children's bedrooms? 6) Shall I go upstairs to look at the ceiling and the staircase? (Key to translation on next sheet, cf. corrigé à la page suivante).

Iwwersetzong: ................................................................
................................................................
................................................................
................................................................
................................................................
................................................................

GINN as an auxiliary in the Passive Voice:

| | | |
|---|---|---|
| Ech gi bestroft | – I am (being) punished | – Je suis puni |
| Du gëss geruff | – You are (being) called | – Tu es appelé |
| Hie gëtt vernannt | – He is (being) scolded | – On le gronde |
| Mir ginn servéiert | – We are (being) served | – On nous sert |
| Dir gitt gefouert | – You are (being) driven | – On vous conduit |
| Si gi verwinnt | – They are (being) spoilt | – Ils sont gâtés |

N.B. Distinguish
(action) Den Dësch gëtt gedeckt – The table is being laid – On met la table
(result) Den Dësch ass gedeckt – The table is laid – La table est mise

Ex. 18 ginn:

1) Fir wat ... mir net direkt servéiert? 2) Wou ... déi gutt Saachen hei gemat? 3) Wéini ... de Mäerder verurteelt? 4) ... deen Dësch hei haut net gedeckt? 5) ... du haut net méi gebraucht? 6) Ech däerf net dohinner goen, well ech ... ëmmer vernannt. 7) Wéini ... dir da lo bestuet?

Ex. 19 The Demonstrative Adjectives and Pronouns – Les Adjectifs et Pronoms Démonstratifs:

A) 1) Ech hunn ... Restaurant net extra gär. 2) Hie kann ... Fra net ausstoen. 3) ... Kanner hei si gutt gezillt, mä ... aner do si richteg kleng Fierkelcher. 4) Wou ass ... alen Här dann elo higaang? 6) ... Meedche rechts op der Photo ass hir Duechter.

Dative form:

B) 7) Ech ginn ... aarme Mann e puer Su. 8) Fir wat soll ech ... aler Hex alles op d'Nues hänken? 9) Du brauchs ... Meedchen do keng Geschichten z'erzielen. 10) Et ass schwéier ... Kanner eppes Neits ze bidden.

Am **Restaurant:** Léiert déi nei Wierder a schreift e puer Sätz.
Wat iesst dir gär? Wat drénkt dir am léiwsten? Fir wat?

................................................................
................................................................
................................................................
................................................................

Ex. 20 The Reflexive Pronouns – Les Pronoms Réfléchis:
1) Hie wäscht ... nëmmen heiansdo.
2) Schumms du ... net.
3) Ech wonnere ... iwwer näischt méi!
4) Mir verstoppen ... hanner dem Haus.
5) Dir kënnt ... drop verloossen.
6) Si kennen ... iwwerhaapt net.
7) Hatt hat ... no enger Woch a säi jonge Chef verléiwt.
8) Ech fäerten hien ass ... (gén. sing. $1^{re}$ p.) séier midd.
9) Mir sinn ... (gén. plur. $3^{e}$ p.) net wierdeg.
10) Si hunn ... (gén. plur. $2^{e}$ p.) scho laang genuch.

*Corrigé des Exercices – Key of the Exercises*

Ex. 1
> 1) sinn. 2) ass/sinn. 3) sinn. 4) sidd. 5) bass. 6) ass. 7) ass. 8) ass. 9) ass. 10) ass.

Ex. 2
> 1) hunn en. 2) hu, der. 3) Hu, hunn. 4) hutt. 5) huet. 6) hunn. 7) hues. 8) huet. 9) hu.

Ex. 3
> 1) e, eng, e, eng. 2) den/en. 3) eng. 4) De, d'. 5) E, eng (D', d'). 6) D', d'. 7) de. 8) D', d' de. 9) Den, d'. 10) D', der. 11) De, d', de. 12) D'.

Ex. 4
> d'Haus, en Haus, d'Strooss, eng Strooss, d'Dir, eng Dir, d'Fënster, eng Fënster, de Jong, e Jong, d'Meedchen, e Meedchen, d'Fra, eng Fra, d'Maschinn, eng Maschinn, den Hond, en Hond, d'Kaz, eng Kaz, d'Fieder, eng Fieder, de Frënd, e Frënd, de Mann, e Mann, d'Tata, eng Tata, de Monni, e Monni, d'Kollegin, eng Kollegin, de Sekretär, e Sekretär, den Direkter, en Direkter, d'Bomi, eng Bomi, de Bopa, e Bopa, d'Duechter, eng Duechter, den Noper, en Noper, d'Nopesch, eng Nopesch, d'Stonn, eng Stonn, d'Freed, eng Freed.

Ex. 5
> 1) schaffs, der. 2) fëmmt. 3) schreift e. 4) kuckt/kucken, d'. 5) wënscht, de. 6) wunns, engem. 7) kascht. 8) héiren. 9) stéiren. 10) stells. 11) verzielt. 12) hëllefen.

Ex. 6
> 1) kann. 2) kënnen. 3) kënnt. 4) kann. 5) kënnen. 6) kanns. 7) ka. 8) kann/kënnen.

Ex. 7
> 1) wëllt. 2) wëll. 3) wëlls. 4) wëllt. 5) wëllen. 6) wëllen.

Ex. 8
> 1) muss. 2) mussen. 3) musst. 4) muss. 5) musse.

Ex. 9
> 1) däerfs, dierfs. 2) däerfen. 3) däerf, däerfen. 4) däerf. 5) däerft. 6) däerf.

Ex. 10
> 1) solls. 2) sollt. 3) soll. 4) sollen. 5) sollen. 6) soll.

Ex. 11.
> 1) gesinn. 2) gesäis. 3) gesinn. 4) gesinn. 5) gesitt. 6) gesäit/gesinn. 7) gesinn. 8) gesäit.

Ex. 12
> 1) gëss. 2) ginn. 3) ginn. 4) gitt. 5) gëtt/ginn. 6) gëtt. 7) gëtt. 8) gëff, gitt. 9) gëtt.

Ex. 13
> 1) ginn. 2) geet/ginn. 3) ginn. 4) gitt. 5) gees. 6) geet. 7) gees. 8) gaang.

Ex. 14
> 1) leeft. 2) lafe. 3) laaft. 4) Leefs, leeft. 5) lafe. 6) leeft. 7) lafe. 8) leeft.

Ex. 15
> 1) eng Auer, e Véierel vir fënnef, néng Auer, halwer eelef, zwanzeg vir sechs, halwer zwou (mëttes), zéng vir zwielef, Mëtternuecht (Hallefnuecht), zwielef Auer (Mëtteg), e Véierel op siwen, fënnef vir halwer néng, fënnef op halwer fënnef (mueres fréi).

Ex. 16

den zweeten November, de fofzéngte Februar, den drëtte Januar, de fënnefte Mäerz, den eelefte Mä, den eenanzwanzegsten Abrëll, den drëssegte Juli, de sechste Juni, den zwielefte September, den aachten August, den nénganzwanzegsten Oktober, de véierzéngten Dezember.

Ex. 17

Wou ass de Plang vun deem Landhaus? 2) Ech weess et net. 3) Kënnt Dir d'Fondament, eng Mauer, e Giewel an e Kamäin gesinn? 4) Neen, ech gesinn nëmmen den Haff vun dem Gebai, de Keller, de Späicher, eng Dir an zwou grouss Fënsteren. 5) Wee ka mir d'Kichen, d'Buedzëmmer oder de Kanner hir Schlofzëmmer weisen? 6) Soll ech uewen op goe fir de Plafong an d'Trap ze kucken?

Ex. 18

1) gi. 2) ginn. 3) gëtt. 4) Gëtt. 5) Gëss. 6) ginn. 7) gitt.

Ex. 19 A)

1) dee. 2) déi. 3) Déi, déi. 4) deen. 5) Dat.

Ex. 19 B)

7) deem. 8) där. 9) deem. 10) deene.

Ex. 20

1 sech. 2) dech. 3) mech. 4) eis (ons). 5) iech. 6) sech. 7) sech. 8) menger. 9) hirer. 10) ärer.

IIIᵉ PARTIE

# RECUEIL DE TEXTES

**(dans l'orthographe d'origine)**


PART III

# TEXT ILLUSTRATIONS

**(in the original spelling)**

*Den Zolverknapp as ké Parnass*

## DE VOLLEKSDICHTER

Dé wëllt e Volleksdichter ginn
Dé muss allzeit natirlech sinn
Kuck wo's de stés à wiens de bass
Den Zolverknapp ass ké Parnass.


## LE POÈTE DU PEUPLE

Qui veut se faire poète du peuple
Doit toujours rester naturel
Regarde où tu es et qui tu es
La colline de Soleuvre n'est pas le Parnasse.


## THE POET OF THE PEOPLE

He who wants to become the poet of the people
Must always remain natural
Look where you stand and who you are
The hill of Soleuvre is not Mount Parnassus.

DICKS

# REMARQUES PRÉLIMINAIRES

Le Luxembourgeois qui écrit, le fait en allemand, en français ou en luxembourgeois. Qu'est-ce qui le pousse à employer un moyen d'expression plutôt qu'un autre?

Outre ses préférences et affinités personnelles, la langue dépendra de la portion du public à laquelle il désire s'adresser plus particulièrement. Il s'agit aussi d'étudier les sentiments et les réactions émotionnelles qu'il présuppose ou attend chez ses lecteurs et d'analyser sur quel fonds d'idées il prétend édifier ses arguments esthétiques, moraux ou culturels.

*La littérature d'expression française*

Depuis le 13e siècle la langue française est notre langue administrative officielle. Cependant, partie intégrante des nations les plus diverses jusqu'en 1815, le Luxembourg ne pourra se prévaloir d'une littérature nationale qu'à partir du moment où il aura obtenu sa place au soleil comme État indépendant.

Qu'il suffise de mentionner ici un représentant du 19e siècle: Félix THYES, avec son roman posthume

« Marc BRUNO, profil d'artiste » (1855)

Marcel NOPPENEY introduit le 20e siècle avec son recueil de poèmes

« Le Prince Avril »

Quelques autres noms à retenir sont ceux de

Paul PALGEN, Joseph HANSEN, Mathias ESCH, Nicolas RIES, Edmond DUNE
et de/and of Joseph-Émile MULLER (pour la peinture/for painting).

Pour de plus amples informations il faut consulter « L'Anthologie » publiée par Les Cahiers Luxembourgeois; ou celle de Marcel GÉRARD « Anthologie de la littérature française au Luxembourg » et du même auteur « Le Roman français au Luxembourg » ainsi que les publications suivantes:

> Les Cahiers de la S.E.L.F. (Société des Écrivains Luxembourgeois de Langue Française),
> Les Cahiers Luxembourgeois,
> La Revue des Arts et des Lettres,
> La Nouvelle Revue Luxembourgeoise,

ainsi que les suppléments hebdomadaires des deux quotidiens « Luxemburger Wort » et « Tageblatt » ou les pages littéraires du « Jeudi » ou du « Lëtzebuerger Land » qui jouent un rôle important d'information et d'initiation.

# PRELIMINARY NOTES

The Luxembourger who writes expresses himself either in French, in German or in Luxembourgish. What determines his choice of one means of expression rather than another?

Beside his personal affinities and preferences, his choice will depend on that portion of the public he wants to address more specifically. We also have to consider the feelings and emotional reactions he expects from his readers and to analyse on which cultural background he wants to base his aesthetic, moral or cultural arguments.

*Literature in French*

Since the 13th century French has been our official and administrative language. Yet, being an integral part of several other nations until 1815, Luxembourg could not boast a literature of its own. This only became possible when it had gained the status of an independent country.

I should like to mention here one single representative of the 19th century: Félix THYES, with his posthumous novel

Marcel NOPPENEY introduces the 20th century with his volume of collected verse

Some other outstanding names are those of

For further information, the reader should consult "L'Anthologie" published by Les Cahiers Luxembourgeois; or Marcel GÉRARD: "Anthologie de la littérature française au Luxembourg" and, by the same author, "Le Roman français au Luxembourg" and the following publications:

and the weekly supplements of the two dailies "Luxemburger Wort" and "Tageblatt" or the literary pages of the "Jeudi" or of "Lëtzebuerger Land" which play an important role of information and initiation.

*Littérature d'expression allemande*

Certains auteurs choisissent la langue allemande parce qu'elle leur semble un véhicule d'idées plus profondes et de sentiments plus finement nuancés qu'un idiome populaire et parce qu'elle leur permet en même temps de toucher un public plus vaste que ne le ferait la langue française. Ici les noms les plus importants me semblent être ceux de

*Literature in German*

Some authors choose the German language because in their eyes it is a vehicle of profounder ideas and more refined feeling than a popular idiom and because at the same time it allows them to address a larger public than through the French language. Here the most important names are probably those of

Batty WEBER, Nikolaus WELTER, J.-P. ERPELDING, Frantz CLEMENT,
Paul HENKES, Nicolas HEIN, Albert HOEFLER, Gregor STEIN (= Pierre Grégoire)

Pour de plus amples détails sur la scène littéraire actuelle, prière de consulter les ouvrages de référence de

For further details on the present literary scene, please refer to the works of

Rosemarie KIEFFER (1980), Fernand HOFFMANN (1989) et Frank WILHELM (1999)
cités dans la bibliographie sélective à la fin/listed in the selective bibliography at the end

cf. aussi l'édition électronique « À propos de la littérature au Luxembourg » publiée par le Service Information et Presse du Gouvernement.

cf. also the English version of the electronic edition of "About Literature in Luxembourg" published by the Press and Information Service of the Luxembourg Government.

## APERÇU SOMMAIRE DE LA LITTÉRATURE LUXEMBOURGEOISE

*Note:*

Les textes écrits en langue luxembourgeoise représentent une partie restreinte de la production littéraire luxembourgeoise, les ouvrages scientifiques et la plupart des œuvres littéraires étant publiés en allemand ou en français.

La littérature luxembourgeoise est composée principalement de poésie lyrique ou satirique et de pièces de théâtre populaire.

Anton MEYER (1801-1857)

    Recueil de vers  (1829): « A Schrek op de Lezeburger Parnassus »
                        1845: Luxemburgische Gedichte und Fabeln
                        1853: Oilzegt-Kläng

Jacob DIEDENHOVEN (1809-1866)

    Poème          (1830): De Bidgank no Contern

Johann Franz GANGLER (1788-1856)

    Dictionnaire    (1847): Lexicon der Luxemburger Umgangssprache
    Recueil de vers  (1841): Koirblumen um Lampierbiéreg geplekt

Karl Joseph Philipp KNAFF (1822-1899)

                      (1843): D'Geschicht vum Lëtzeburger Collège

Michel LENTZ (1820-1893)

    Recueil de vers  (1873): Spâss an Iérscht
                        1887: Hierschtblumen
                        1920: Wantergréng

Ce sont des vers pleins d'émotion et de gravité, d'une haute teneur musicale.

Lentz offre à sa patrie ses deux hymnes nationaux.

1) *Ons Hemecht* (notre patrie) – est la célébration grave et solennelle des paysages du Luxembourg et se termine en fervente prière au Créateur de sauvegarder à tout jamais aux Luxembourgeois ce patrimoine de bonheur et de liberté. Elle a combiné les accents émouvants de la fierté nationale et du humble recueillement liturgique. L'hymne a été mis en musique par Antoine Zinnen (cf. page 148).

2) le *Feierwon* (Char de Feu) qui célèbre – à l'occasion de l'inauguration des Chemins de Fer luxembourgeois – l'indépendance et la fierté nationales. C'est un cri de ralliement des patriotes qui veulent rester ce qu'ils sont, libres et heureux à l'intérieur de leurs petites frontières. Une de ses lignes devient un motto national:

## SHORT SURVEY OF LUXEMBOURGISH LITERATURE

*Note:*

The texts written in Luxembourgish represent only a small part of Luxembourg's literary production, as all the scientific and most of the literary works are published in German or in French.

Luxembourgish writing mainly covers the fields of lyrical or satirical poetry and popular play writing.

These are verses full of gravity and emotion and of a high musical texture.

Lentz gave two national anthems to his home-country.

1) *Ons Hemecht* (our home country) is a grave and solemn song of Luxembourg's landscapes which ends in a fervent prayer to the Creator to safeguard for the Citizens in all eternity this patrimony of freedom and happiness. It happily combines the moving accents of national pride and of liturgical recollection. It was set to music by Antoine Zinnen (cf. page 148).

2) the *Feierwon* (Fire-waggon) which – on the occasion of the inauguration of the first railways – celebrates national pride and independence. It's a rallying song for patriots who want to remain what they are, a free and happy people within its small borders. One of its lines has become a national motto:

Mir wëlle bleiwen wat mir sin.

De plus farouches nationalistes changent ce refrain en un cri de protestation plus agressif contre les voisins de l'est:

Frot dir no alle Seiten hin,
mir wölle jo keng Preise gin.

(Demandez un peu à droite et à gauche,
nous ne voulons point devenir des boches)
(cf. page 150).

Il faut mentionner trois autres chansons-poèmes populaires de Lentz:

1) Den *Hämmelsmarsch* ou *d'Schuebermëss* – marche qui inaugure toutes les kermesses du pays.

2) *An Amerika* et

3) *Hemwé'*, deux chants d'émigrants remplis d'une douloureuse nostalgie pour la patrie luxembourgeoise.

Mir wëlle bleiwen wat mir sin.

Fiercer nationalists make of this refrain an aggressive cry of protest against our eastern neighbours:

Frot dir no alle Seiten hin,
mir wölle jo keng Preise gin.

(Just ask all around,
we surely don't want to become Prussians)
(cf. page 150).

Three other popular poem-songs by Lentz must be mentioned:

1) Den *Hämmelsmarsch* or *d'Schuebermëss* – a lively march which inaugurates all the fairs round the country.

2) *An Amerika* and

3) *Hemwé'*, two emigration songs full of a melancholic nostalgia for the home-country.

## DICKS (Edmond de la Fontaine) (1823-1891)

| Théâtre | | Plays |
|---|---|---|
| 1855: | De Scholtscheîn | |
| | De Koséng | |
| | D'Mumm Se's ou De Gëscht | |
| 1856: | D'Kirmesgèscht | |
| 1863: | De Ramplassang | |
| 1870: | Op der Jûocht | |
| 1879: | Den Hèr an d'Madamm Tullepant | |

Par ces opérettes tragi-comiques et vaudevillesques, Dicks a créé le théâtre dialectal et quelques-uns de ces personnages les plus remarquables, produits typiques du terroir, représentants – bien en chair et en os – de ses contemporains.

Déjà dans ses poèmes de jeunesse il avait démontré sa souveraine maîtrise de notre langue, notamment dans:

De Wëllefchen an de Fiischen
   (écrit à 14 ans) et
D'Vulleparlement am Grengewald,

délicieuse satire des membres du gouvernement et du parlement.

Dicks wrote tragicomic opérettes and vaudevilles and soon became the real father of our dialectal theatres. He gave it some of its most remarkable figures, typical products of country life and blood specimens of peasant Luxembourg.

As a youngster he had already shown his brilliant mastery of our language, in poems such as:

De Wëllefchen an de Fiischen
   (written at the age of 14) and
D'Vulleparlement am Grengewald,

a delicious satire on the members of government and parliament.

## Michel RODANGE (1827-1876)

| | | |
|---|---|---|
| 1872: | De Renert oder de Fuuss am Frack an a Maansgre'sst | |
| | (14 chants au lieu de 12 chez Goethe (Reineke Fuchs)) | |
| 1873: | Dem Grof Sigfrid seng Goldkumer | |
| | (cf. August von Platen, Schatz des Rhamsinit) | |
| ... | Dem Le'weckerchen säi Lidd | |

Michel Rodange a transplanté avec bonheur et justesse le poème épique de Goethe dans nos régions et en a fait un miroir réaliste et satirique du comportement de ses concitoyens. Il s'agit ici de l'œuvre maîtresse de notre littérature dialectale qui mériterait une place dans l'ensemble de la littérature mondiale, aussi bien par la force de l'invention créatrice haute en couleurs que par la verve et l'imagerie d'une langue parfaitement maîtrisée.

Michel Rodange accurately and happily transposed Goethe's epic poem into our regions and made it into a realistic satire of his contemporaries' way of life. His Renert is the unrivalled masterpiece of our dialectal literature which might claim a rank in world literature, both by the form of inventive creation and by the musical qualities and the range of imagery supported by a colourful idiom handled with supreme delicacy.

### André DUCHSCHER (1840-1911)

Directeur d'usine lui-même, Duchscher écrit le premier drame social luxembourgeois: Franz Pinell (1899). Malheureusement il lui manque la force dramatique de son modèle « Die Weber » de Georg Hauptmann.

A factory owner himself, A. Duchscher wrote the first Luxembourgish social drama: Franz Pinell (1899). Unfortunately it lacks the dramatic force of its model: "The Weavers" by Georg Hauptmann.

### C.M. SPOO (1837-1914)

Homme politique et premier grand prosateur luxembourgeois.

A politician and the first prose writer in Luxembourgish.

### Batty WEBER (1860-1940)

Journaliste de profession.

Professional journalist.

| | | |
|---|---|---|
| | | En Teschtement |
| | | De Schëfer vun Aasselburn |
| | | Et wor emol e Kanone'er |
| Opérette | | 't Wonner vu Spe'sbëch |
| Anecdotes populaires: cf. | | |
| Popular anecdotes: cf. | | Dem Jabbo seng Kap |

### Paul EYSCHEN (1841-1915)

Ministre d'État de 1888-1915. Grand orateur et grand mécène des arts.

Minister of State from 1888-1915. Great orator and patron of the arts.

Parmi les poètes lyriques contemporains, les plus importants me semblent être

In contemporary poetry, the most important names are probably those of

Willy GOERGEN (1867-1942),   Marcel REULAND (1905-1956),   Tit SCHROEDER,   Jos KEUP.

Parmi les dramaturges, mentionnons:

In the theatre the following should be mentioned:

Max GOERGEN,   Tit SCHROEDER,   Norbert WEBER,   Pol GREISCH.

Le maître de la satire luxembourgeoise s'appelle

The master of Luxembourg satire is undoubtedly

### Auguste LIESCH (1874-1949)

avec/with   « Allerhand »
et/and      « d'Maus Ketti ».

| | |
|---|---|
| Les deux romanciers les plus brillants de la fin du 20ᵉ siècle sont sans doute | The two outstanding novelists of the end of the 20th century are undoubtedly |

Roger MANDERSCHEID et Guy REWENIG.

| | |
|---|---|
| Pour de plus amples détails sur la situation actuelle, prière de consulter l'article de | For further details on the present situation, please refer to the article by |

Fernand HOFFMANN (1989) et/and<br>« Lëtzebuergesch-Quo vadis? » – Actes du cycle de conférences du Projet Moien, Sproochenhaus Wëlwerwolz, 2004<br>(cf. bibliographie sélective à la fin/cf. selected bibliography at the end)

| *Remarque:* | *Note:* |
|---|---|
| C'est à dessein que je laisse cette présentation sommaire de 1973 dans son état embryonnaire afin que le lecteur puisse mieux se rendre compte de l'extraordinaire développement de la littérature en luxembourgeois des trente dernières années. Pour un aperçu plus complet on devra consulter le bilan de la fin du 20ᵉ siècle que j'ai établi dans « A Short History of Literature in Luxembourgish » (Bibliothèque nationale, 1994) et dont une version française mise à jour a paru en 2005 sous le titre « Précis d'histoire de la littérature en langue luxembourgeoise ». cf. aussi le catalogue de l'exposition « Lëtzebuergesch – eng Ried, déi vun allen am meeschten ëm ons kléngt » (Centre national de littérature, 2001). | It is on purpose that I leave this summary 1973 description in its original embryonic state so as to show the reader all the better the extraordinary development literature in Luxembourgish has known over the last thirty years. For a more exhaustive picture of the present state of art please refer to the book "A Short History of Literature in Luxembourgish" (Bibliothèque nationale, 1994) in which I tried to take stock of the situation in the mid-nineties of the twentieth century. An updated French version entitled "Précis d'histoire de la littérature en langue luxembourgeoise" appeared in 2005; cf. also the catalogue of the exhibition "Lëtzebuergesch – eng Ried, déi vun allen am meeschten ëm ons kléngt" (Centre national de littérature, 2001). |

*De Renert an d'Ketti*

*Remarque préliminaire concernant l'orthographe et la traduction du luxembourgeois.*

Pour illustrer la grande variété de l'orthographe suivant les auteurs je donne le texte de certaines chansons dans leur écriture originale (ou celle adoptée par les recueils de chansons les plus connus). En règle générale on remarquera les différences suivantes

| | au lieu des signes actuels | aa | (Waasser) nous trouvons | – â |
|---|---|---|---|---|
| | | ä, ee | (Pärel) | – ê |
| | | ii | (Biischt) | – î |
| | | oo | (Bootsch) | – ô |
| | | uu | (Duuscht) | – û |
| | | ä, e | (Fändel) | – è |
| | | éi | (Déif) | – é |
| | | ou | (Kou) | – o' |
| | | ë | (Bësch) | – ö. |

Quant à la traduction en français et en anglais, je les considère comme un instrument, un moyen de comprendre le luxembourgeois, et non comme une fin en soi, une recréation poétique, c'est-à-dire je choisis la traduction littérale (ou mot à mot) plutôt que la traduction littéraire (libre). Dans les cas où il existe une traduction libre et littéraire, je la signale, autrement j'indique mes propres traductions littérales par m. t. (ma traduction).


*Preliminary note concerning the spelling and translation of Luxembourgish*

To illustrate the great variety of spelling systems we find with different authors, I present certain texts either in their original version or in the version of current textbooks or songbooks.
The reader will notice the following differences from
the spelling adopted by the Dictionary:

| | instead of | aa | (Waasser) we find | – â |
|---|---|---|---|---|
| | | ä, ee | (Pärel) | – ê |
| | | ii | (Biischt) | – î |
| | | oo | (Bootsch) | – ô |
| | | uu | (Duuscht) | – û |
| | | ä, e | (Fändel) | – è |
| | | éi | (Déif) | – é |
| | | ou | (Kou) | – o' |
| | | ë | (Bësch) | – ö. |

As to the translation into French and English, I opted for the literal translation rather than for the literary one, to allow the reader a precise understanding of the Luxembourgish wording. I indicate these translations by m. t. (my translation); occasionally, however, I give existing free translations done by other people.

# MOSELLA

Vers l'année 369 le professeur de rhétorique Decimus Magnus Ausonius de Bordeaux, tuteur du fils de l'empereur romain Valentin dans la résidence impériale de Trèves, fit une excursion en bateau sur la Moselle entre Bingen et Trèves. Il écrivit ensuite un panégyrique des paysages mosellans que Robert Bruch a traduit en luxembourgeois.

About the year 369 the rhetorics professor Decimus Magnus Ausonius from Bordeaux, tutor of the Roman emperor Valentian's son in the imperial residence of Trier, went on a trip on the Mosella from Bingen to Trier. He then wrote a sort of panegyric of this Moselle landscape, which Robert Bruch translated into Luxembourgish.

> Dem Decimus Magnus Ausonius seng Rees op d'Musel,
> op lëtzeburgesch erzielt vum Robert Bruch
> (Luxembourg 1960; Publication mosellane de Schwebsange 1959)

Pour permettre au lecteur de comparer différents styles de traduction, il trouvera tout d'abord une traduction allemande assez érudite du 19ᵉ siècle. Les versions française et anglaise sont des traductions (presque) littérales du texte luxembourgeois. Elles relèvent clairement l'étonnant dépouillement, voire la simple clarté d'une prose que Bruch voulait mettre en contraste avec l'original et avec l'érudite transcription poétique allemande.

To allow the reader a comparative insight into various styles of renderings of the text, I give a highly rhetorical translation of a 19 century German scholar. The English and French translations are (almost) literal renderings of the Luxembourgish text and clearly show the striking simplicity and bareness of our language that Bruch wanted to work out in contrast with the Latin original and the scholarly German poetic transcription.

*Mosella*

AUSONIUS:

## MOSELLA – EXTRAIT I

### Lignes 10-22

Et tandem primis Belgarum conspicor oris
Noviomagum, divi castra inclita Constantini.
Purior hic campis aer Phoebusque sereno
Lumine purpureum reserat iam sudus Olympum;
Nec iam consertis per mutua vincula ramis
Quaeritur exclusum viridi caligine caelum,
Sed liquidum iubar et rutilam visentibus aethram
Libera perspicui non invidet aura diei.
In speciem tum me patriae cultimque nitentis
Burdigalae blando repulerunt omnia vusi:
Culmina villarum pendentibus edita ripis
Et virides Baccho colles et amoena fluenta
Subter labentis tacito rumore Mosellae.

## ÉISCHTE BLÉCK OP D'MUSEL

### Versen 10-22

Op eemol gesouch ech, um Uwand vu Belgien, dem Keser Konstantin séng dichteg Festong: Noviomagus.

D'Luucht stoung méi kloer iwwert der Gewan, d'Sonn huet gefénkelt, an 't war mer, wéi wann den Olymp weidenaffen opgéing. Well hun ech nët méi missen duerch en donkelgréngt Gestruewels vun Äscht nom Himmel biichten: hei war d'Gewan ee Glënner, an d'Aë si mer iwwergaang, esou wäit konnte s'an den Dag era kucken.

Du hun ech un doheem missen denken, u Bordeaux – well 't war alles grad esou schéin: héich Giewele vun Häff laascht d'Uwänner, gréng Hiwwele voller Riewen, an duerch den Dall der Musel hiirt heemlecht Gepëspers.

**Lignes 10-22**

Et soudain je vis aux confins du territoire des Belges Noviomagus, la puissante forteresse du divin Constantin. Une lumière plus claire baignait les champs, le soleil étincelait et j'avais l'impression de voir l'Olympe s'ouvrir tout grand. À présent plus n'était besoin de scruter le ciel à travers l'enchevêtrement vert foncé des branches: ici les champs étaient un seul miroitement, et les yeux me tournèrent, tellement loin ils pouvaient entrevoir le jour. Alors j'ai dû penser à mon Bordeaux natal, parce que tout était aussi beau, les hauts pignons des fermes le long des rives, les vertes collines fleuries de raisins et à travers la vallée le doux murmure de la Moselle.

(m. t.)

# FIRST GLANCE AT THE MOSELLE

**Lines 10-22**

Suddenly I saw at the confines of the Belgan lands, Noviomagus the mighty fortress of the divine Constantine. The light stood more clearly over the plain, the sun sparkled and Olympus seemed to open up before my eyes – wide and serene. No more did I have to peer at the sky through a dark green entanglement of boughs – here the open plane was a sparkling glitter: my eyes turned: so far and clear into the day could they roam. This conjured up for me the image and beauty of Bordeaux, my home town, so beautiful it all was, high-towering gables of villas along the banks, green vine-adorned hills and all through the valley the gentle murmurs of Mosella's waves.

(m. t.)

    Bis ich im vorderen Lande der Belgen Novomagus endlich
    Schaue, die mächtige Feste des göttlichen Konstantinus.
    Hier nun erschließt auf den Fluren die reinere Luft und die Sonne
    Dunstlos mit heiterem Lichte den purpurklaren Olympus.
    Nicht durch ein Laubdach mehr von vergitterten Zweigen erlugt man
    Den durch das grünliche Dunkel den Blicken entzogenen Himmel:
    Sondern die freiere Luft des eröffneten Tages vergönnt hier
    Lichtes Gestrahle dem Auge und sanftdurchrötete Bläue.
    So wie das Bild und die Zier Burdigalas, meiner geschmückten
    Heimat, traf mich ein jegliches Ding mit schmeichelndem Anblick:
    Giebel der ragenden Bauten, an hangenden Ufern gegründet,
    Hügel, mit grünenden Reben bekränzt, und die lieblichen Fluten,
    Wie die Mosella sie drunten in leisem Gemurmel dahinführt.

(Ed. Böcking, 1895)

# MOSELLA – EXTRAIT II

**Lignes 189-199**

Illa fruenda palam species: cum glaucus opaco
Respondet colli fluvius, frondere videntur
Fluminei latices et palmite consitus amnis.
Quis color ille vadis, seras cum propulit umbras
Hesperus et viridi perfundit monte Mosellam!
Tota natant crispis iuga motibus et tremit absens
Pampinus et vitreis videmia turget in undis.
Annumerat virides derisus navita vites,
Navita caudiceo fluitans super aequora lembo
Per medium, qua sese amni confundit imago
Collis et umbrarum confinia conserit amnis.


# OWES UM WAASSER

**Versen 189-199**

Daat hei Bild awer däerf ee fräi a mat Genoss bekucken.

Wann am bloëlzege Spigel donkelgréng den Hiwwel ofgemoolt as, mengt een, d'Welle selwer wiere voller Blieder an et stéinge Riewe mëtten an de Strengten.

Wat liicht eréischt eng Faarf am Waasser, wa spéit den Owesstär de Schiet verjeet an de grénge Bierg an d'Musel däicht. Da schwammen d'Häng verwurelt an de Krénglen, dann ziddert d'Rief vu fären, an den Drauf gët schleechvoll Saaft am Wellespill. A beim Ziele vun de Stäck gët och de Schëffer dronkeg, deen iwwer d'Musel fiert a séngem schmuelen Aacher, do wou d'Waasser sech mam Bierg vermëscht a wou d'Musel Schiet u Schiet zesummewieft.

## LA NUIT SUR L'EAU

**Lignes 189-199**

Cette vue cependant, on peut la contempler à loisir. Quand la colline se dessine en vert foncé dans le miroir bleuâtre on s'imagine que les feuilles poussent dans les vagues elles-mêmes et que les vignes se mêlent aux courants. Et de quelle couleur resplendit l'eau, si la tardive étoile du soir chasse l'ombre et plonge la verte colline dans l'eau! Alors les coteaux se mélangent aux tourbillons, alors la vigne tremble de loin et les raisins se gonflent de suc dans les profondeurs crystallines. Et en dénombrant le nombre des plantes, le vertige gagne même le bâtelier qui descend la Moselle en barque là, où l'eau se mêle à la colline et où la Moselle entre-tisse les deux ombres.


## ON THE WATER AT NIGHT

**Lines 189-199**

This image however can be freely contemplated and enjoyed. When, in the bluish mirror the shadowy hill reflects itself dark green, the very waves seem to be full of leaves and the vines right in the midst of the waters.

Look, how colourful the water shines when late at night, the evening star (Hesperus) chases the shadows and dips the green hill into the Mosella: all the hilly ridges then swim in a whirling motion and the vine trembles from afar and the grapes bulge with juice in the crystal play of the waves.

Counting the vines, even the boatman becomes giddy who gently rocks in his small bark over the Mosella where hills and water mingle and the river interweaves the neighbouring shadows.


## ABENDS AUF DEM WASSER

**Zeilen 189-199**

Frei ist das Bild zu genießen jedoch, wann im bläulichen Flusse
Sich der beschattete Berg abspiegelt: es grünen die Wasser
Drinnen im Fluß, und es scheinen die Fluten mit Reben bewachsen.
Und wie malt sich der Strom, wann dämmernde Schatten der Abend
Herführt und die Mosella bedeckt mit dem grünen Gebirge!
Alle die Höhen verschwimmen in krauser Bewegung, es zittert
Ferne die Ranke, es schwillt in kristallener Tiefe die Traube.
Zählt doch die grünenden Reben, in Täuschung sich wiegend, der Schiffer,
Der in dem hölzernen Kahn hin dann fährt über die Fläche,
Mitten auf schaukelnder Bahn, allwo sich vereinigt des Hügels
Bild mit dem Fluß und im Strome benachbarte Schatten zerfließen.

(Ed. Böcking, 1845)

# RÉNERT

Le comportement humain sous toutes ses formes est le sujet du poème épique: Le Renard (1872). L'auteur y montre une rare passion de justice et de vérité et un style plein de verve humoristique et satirique.

La seule source littéraire de Rodange fut le Reineke Fuchs de Goethe, lui-même une adaptation de la légende médiévale de « La Chanson de Renard ».

Rodange situa l'histoire au Luxembourg au temps de la guerre franco-prussienne (1870).

La langue de Rodange est un mélange dialectal de la campagne et de la ville, mais certains animaux parlent les dialectes de leur canton d'origine.

Au début du deuxième acte, le Roi décide en conseil d'envoyer un messager à Renard pourqu'il vienne répondre devant son trône des multiples méfaits dont il est accusé.


Human behaviour in its manifold manifestations is the subject of the epic Renert (1872) or the Fox in the Frock-coat and in human size, written with a passion for truth and justice, pulsating with wit, humour and satire. Rodange's only literary source was Goethe's "Reineke Fuchs" itself a recreation of the medieval Renard the Fox legend. Rodange sets the story in Luxembourg and in the time of the Franco-Prussian war (1870). Rodange's language is a mixed rural and urban dialect, but he makes the individual animals speak the dialects of the various parts of the country where they come from.

At the beginning of the second song the King and his Council decide to send Renert a messenger to summon him to the throne to answer for the misdeeds he is charged with.

MICHEL RODANGE:

# RENERT oder DE FUUSS AM FRACK AN A MAANSGRE'SST

**II. Gesank**

Drop lousst de Kinnek ruffen
de' Kligst aus sengem Rot,
zeng Riichter le'sst e kommen
an och en Affekot.

Ewell d'Affär vum Renert
de' ass en harde Knuot.
Se gouwen endlech eneg
ze schecken him e Buot.

De Buot dee sollt dem Renert
ganz däitlech son dat hai:
E sollt zum Kinnek kommen,
soss ge'ng et net an d'Raih.

*Rénert: début du deuxième chant*

Là-dessus le roi fit venir
les plus finauds de son conseil,
Dix juges il fait venir
et aussi un avocat.

Car l'affaire du Rénert
voilà un nœud solide.
Finalement ils tombèrent d'accord
de lui envoyer un messager.

Le messager devait dire à Rénert
tout expressément ceci:
Il doit venir chez le roi,
autrement les choses se gâteraient.

*Introduction to the second Song of Rénert*

Thereupon the king summoned
the cleverest in his council,
Ten judges he bade come
and a lawyer too.

For Rénert's affair
is a hard knot for him.
Finally they agreed
to send him a messenger.

The messenger was to tell Rénert
in full details the following:
He was to report to the king,
otherwise things would go wrong.

A fir de Buot ze wiehlen,
dat huet sech streng gemaacht:
De Kueder krut dräi Stömmen,
de Bier de krut der aacht.

Du zitt de Bier de Jabot,
e ble'st sech greilech op
a seht: „Ech werd e brengen,
Här Kinnek, ziehlt durop."

Drop goung en un, a reseg,
op Schlönnermanescht lass.
E wosst all Wee a Stehen,
e wosst dem Fuuss säi Schlass.

Seng Fra de' goung e Steckwees
nach mat em iwer d'Heed
a sot: „O Braun, mäi Le'wen,
dee Gank mecht mir keng Freed.

Et pour élire le messager,
ce fut fait de stricte façon:
le matou eut trois voix,
l'ours en reçut huit.

L'ours alors d'enfler son jabot,
il se gonfle horriblement
et dit: « Je vous l'amènerai,
Sire Roi, comptez-y. »

Sur ce, il s'en fut en vitesse
tout droit vers Schlönnermanescht.
Il connaissait chaque chemin et chaque passerelle,
Il connaissait le château du renard.

Sa femme l'accompagnait un bout de chemin
à travers la bruyère
et lui dit: « O Brunot, mon cher,
cette marche ne me fait guère plaisir.

And to elect this messenger,
this was strictly done:
The tom-cat got three voices,
the bear got eight.

Now the bear threw his chest out,
he gave himself hideous airs
and says: "I will bring him,
Sir King, take my word for it."

Then he took off, and rightaway
in the direction of Schlönnermanescht.
He knew every way and ford,
He knew the fox's castle.

His wife accompanied him for a bit
over the heath
and said: "O Bruno dear,
this walk gives me no pleasure.

De Renert ass e Judas,
an Dir sitt vill ze brav;
nach eppes, wat net gutt ass:
Ir Gloscht mecht blann an daf."

De Bier dee sot: „Wat sot Der?
Märr ass de Fuuss ze domm;
fir märr och eng ze ze'hen,
dat ass him vill ze romm."

Hee goung, a kweesch durch d'Böscher,
an iwer Dall a Birg,
an hei an do erwöscht en
e Lämmche bei der Pirch.

E Mann, deen op der Rees ass,
lieft net vun Hänn a Fe'ss;
an d'E'sselecker Lamer
de' si besonnesch se'ss.

De Bier koum öm den Owend
beim Schlass Malpaartes un:
Do woren zou all Diren,
d'Fallbreck war opgezunn.

Renard est un Judas
et vous êtes trop honnête;
Encore une chose qui n'est pas bonne:
votre gourmandise rend aveugle et sourd. »

Et l'ours de rétorquer: « Que dites-vous?
Le renard m'est un partenaire par trop stupide
Pour me jouer un tour à moi,
ça lui en coûterait trop. »

Il s'en fut, à travers les forêts,
par monts et vaux,
et par-ci par-là, il attrape
un agneau près d'un enclos,

Un homme qui est en voyage,
ne vit pas d'amour et d'eau claire;
et les agneaux des Ardennes
sont particulièrement succulents.

Vers le soir l'ours arrive
près du château de Malparte:
Là toutes les portes étaient fermées,
Le pont-levis fut tiré.

Rénert is a Judas,
and you're much too honest;
Another thing that's bad:
Your greed makes you blind and deaf."

The bear then says: "What's this you say?
For me the fox is much too silly;
To pull my leg,
would cost him far too much."

He went off, and cut across the forests,
up hill and down dale,
and here and there he catches
a lamb near the paddock.

A man who is a-travelling,
doesn't live on hands and feet;
and the Ardennes lambs
they are particularly sweet.

Towards evening the bear
arrived at Malepart Castle:
There all the doors were closed,
The drawbridge was up.

# HYMNE NATIONAL

## NATIONAL ANTHEM

Ons Hemecht ou d'Uelzecht
Texte de Michel Lentz

Ons Hemecht or: d'Uelzecht
Text by Michel Lentz

À une fête musicale organisée en 1869 à Ettelbruck par le « Allgemeiner Luxemburger Musikverein » retentit pour la première fois l'hymne composé par Jean-Antoine Zinnen. Cette chorale d'une sérénité pathétique s'ouvre par le motif initial de l'Ave Verum de Mozart.

The hymn composed by Jean-Antoine Zinnen was heard for the first time at a Musical Festival organized at Ettelbruck in 1869 by the « Allgemeiner Luxemburger Musikverein ». In a serenely pathetic way this chorale borrows the initial motif from the Ave Verum by Mozart.

### 1

Wo' d'Uelzecht durech d'Wisen ze't,
durch d'Fielzen d'Sauer brecht,
wo' d'Rief lânscht d'Musel dofteg ble't,
den Himmel Wein ons mecht;
dât aß onst Land,
fir dât mer ge'f heinidden alles won,
onst Hemechsland,
dât mir so' de'f an onsen Hierzer dron.

### 2

An sengem donkle Böscherkranz,
vum Fridde stöll bewâcht,
so' unne' Pronk an deire Glanz
gemittlech le'f et lâcht:
sei Vollëk fro' sech soe kann,
an't si keng eidel Drem:
We' wunnt et sech so' hêmlech dran,
we' aß't so' gutt dohêm!

### 3

Gesank, Gesank vu Bierg an Dall,
der Ierd, de' ons gedron!
D'Le'ft huet en treie Widderhall
a jidder Broscht gedon;
fir d'Hemecht aß keng Weis ze sche'n,
all Wurt dât vun er klenkt,
greift ons an d'Se'l we' Himmelste'n,
an d'A we' Feier blenkt.

### 4

O Du do uewen, dem seng Hand
durch d'Welt d'Natio'ne let,
behitt Du d'Letzeburger Land
vru friemem Joch a Led!
Du hues ons all als Kanner schon
de freie Gêscht jo ginn,
loß viru blënken d'Freihêtssonn,
de' mir so' lâng gesinn!

### 1

Là où l'Alzette arrose les prés
où la Sûre par les rocs se fraie son chemin
où la vigne parfumée fleurit le long de la Moselle
où le ciel nous prépare le vin
c'est là notre pays pour l'honneur duquel
tout ici-bas nous risquerions
notre chère patrie que si profondément
nous portons dans nos cœurs.

### 4

O Père, au haut des cieux, dont la main
gouverne les nations
protège ton pays de Luxembourg
du joug douloureux de la tyrannie
Car dans le berceau déjà tu nous a mis
l'amour du fier et libre esprit
Permets au grand soleil de liberté
de rayonner dans toute éternité.

(m. t.)

### 1

Where you see the slow Alzette flow
the Sura play wild pranks,
where lovely vineyards amply grow
on the Mosella's banks,
there lies the land for which our thanks
are owed to God above,
our own, our native land which ranks
well foremost in our love.

### 4

Our Father in Heaven Whose powerful hand
makes states or lays them low,
protect Thy Luxembourger Land
from foreign foe or woe.
God's golden liberty bestow
On us now as of yore.
Let Freedom's sun in glory glow
for now and evermore.

(English version by Nicolas E. Weydert)

### 1

Où s'en va par les vertes plaines
L'Alzette aux bords fleuris,
Où par les monts boisés de chênes
La Sûre creuse son lit,
La Moselle en ses flots dorés
Mire la vigne en fleur,
C'est là mon pays adoré,
Aimé du fond du cœur.

### 4

O Seigneur, dont la main puissante
Gouverne les humains,
A ma patrie indépendante
Donne d'heureux destins!
De notre enfance qu'animait
L'antique fierté
Fais luire, radieux à jamais,
Le soleil Liberté!

(traduction libre de Mathias Tresch)

# De Feierwon.

(5. Oktober 1859)

Weis a Wirder vum Michel Lentz.

## DE FEIERWON

De Feierwon, den ass beret,
e peift duerch d'Loft a fort et get
am Dauschen iwer d'Strôss vun Eisen,
an hie get stolz den Noper weisen,
dat mir nun och de Wê hu fond
zum e'weg gro'ße Völkerbond.
Kommt hier aus Frankreich, Belgie, Preisen,
mir wellen iech ons Hemecht weisen:
frot dir no alle Seiten hin,
we' mir eso' zefridde sinn!

Frot dir no alle Seiten hin:
Mir wëlle bleiwe wat mer sinn!

## LE CHAR DE FEU

Le Char de feu, il est prêt
il siffle en l'air et le voilà parti
crépitant sur les routes de fer.
Fièrement il va montrer aux voisins
que nous aussi on a trouvé maintenant
le chemin de la grande société des nations.
Venez ici de France, de Belgique et d'Allemagne
nous voulons vous montrer notre patrie:
Demandez un peu de tous les côtés
combien nous sommes heureux.

*Finale:*

Demandez à tous, femmes et hommes
« nous voulons rester ce que nous sommes ».

(m. t.)

## THE FIRE-CHARIOT

Ready stands the Fire-chariot,
It whistles through the air and off it goes
Rattling over the iron roads
Proudly the neighbours it shows
that we now, too, found our way
to the great league of Nations.
Come (you) here from France, Belgium and Germany
We want to show you our home-land
Go and ask all around
how contented we are.

*Finale:*

Go and ask all around
"We want to remain what we are".

(m. t.)

Le Char de Feu, hardi, s'avance.
Sur deux rails d'acier il s'élance
Avec fracas, dire aux voisins
Que voici trouvé le chemin
Qui, d'une paix si fraternelle,
Nous annonce l'ère nouvelle!

*Refr.*

Voyez Français, Belges, Prussiens,
Ce peuple d'heureux citoyens:
Demandez à tous, femmes et hommes
Diront: Restons ce que nous sommes!

(traduction libre de Mathias Tresch)

# QUELQUES CHANSONS POPULAIRES

# SOME POPULAR SONGS

*Présentation sommaire*

*Brief introduction*

### DEN HÄMMELSMARSCH

Den Hämmelsmarsch ou la Marche des Béliers est une marche joyeuse qui inaugure toutes les kermesses du pays. Un berger et quelques béliers enguirlandés accompagnent les musiciens dans la ronde du village.

The March of the Rams is a good-humoured piece of popular music which inaugurates all the fun fairs of the country. A shepherd and some festooned rams accompany the musicans on their village-round.

### LE'WER HERRGOTTSBLIESCHEN

Le jour de la Chandeleur, veille de St-Blaise, les petits enfants, promènent leurs bougeoirs (Liichtebengelcher) à travers les rues des villes et villages, chantent leur petit refrain et collectionnent bonbons, sucettes et oboles.

On Candlemas, the Eve of St-Blasius, children take their candlesticks through town and village streets, sing their rime and get all kinds of sweets and money.

### D'LËTZEBURGER LAND

Dans ce chant héroïque Dicks exprime la joie de tout enfant d'appartenir à une ancienne race fondée par des seigneurs fiers et indépendants, dont les plus illustres fils ont porté la couronne du Saint-Empire Romain.

In this heroic chant Dicks expresses every child's joy to belong to an ancient race founded by proud and independent knights whose most illustrious sons wore the crown of the Holy Roman Empire.

### HEMWE' – AN AMERIKA

Lentz peint ici la douloureuse nostalgie d'un emigrant qui, une fois en Amérique, se souvient des charmes de son ancienne patrie.

Lentz paints the woeful nostalgia of an emigrant who – once in America – recalls the charms of his former homeland.

La mélodie est celle de « Home, sweet home ». Lentz traite le même sujet dans « An Amerika », cette fois sur une mélodie de Edmond Lentz.

The tune is that of "Home, sweet home". In "An Amerika" the same theme reappears, this time to a tune by Edmond Lentz.

### D'PIERLE VUM DÂ

Le poète chante sa bien-aimée, et comme elle est pauvre, il la pare de toutes les beautés de la nature et lui déclare qu'un amour partagé est le plus grand bonheur sur terre.

The poet celebrates his beloved and as she is poor he adorns her with all the beauties of nature and declares that shared love is the greatest bliss on earth.

## O MAMM, LÉIF MAMM

C'est le chant marial le plus connu chanté par les pèlerins de l'Octave qui dans la première quinzaine de Mai se dirigent de tous les coins du pays vers l'image de Marie sur l'autel de la Cathédrale de Luxembourg pour renouveler un vœu de fidélité fait à la vierge par la population luxembourgeoise pour son aide miraculeuse dans les sombres jours de la peste en 1666 et 1667.

It's the best-known hymn to our Lady of Luxembourg, sung during the "Octave" in the first half of May by the pilgrims who from all parts of the country throng around the altar of the Virgin Mary in the cathedral of Luxembourg to renew a bond of fidelity promised by Luxembourg's population to the Virgin for her miraculous help in the dark days of war and plague in the years 1666 and 1667.

## AN DER GRO'SSER HÉLGER NUECHT

Les paroles d'Albert Elsen et la mélodie de Mathieu Lamberty font de ce petit cantique de Noël un joyau de simple grandeur et de calme beauté.

The words by Albert Elsen and the tune by Mathieu Lamberty created a Christmas carol of moving simplicity and calm beauty.

## DEN HÈXEMÊSCHTER

est extrait d'une opérette de Dicks appelée « d'Mumm Se's » ou « de Gèscht » parue chez Victor Buck en 1858.

is a song from the musical comedy by Dicks: "d'Mumm Se's" or "de Gèscht" published at Victor Buck's in 1858.

## BIM BAM BIREN

est une étrange mixture de poésie enfantine et de cliquette.

is a strange combination of nursery rhyme and nonsense verse.

*De Feierwon*

## Schuebermëss.

Volleksweis.

## DEN HÄMMELSMARSCH – D'SCHUEBERMËSS

'T ass Kirmesdag, an eng Gei jengt muerges an der Gaaß,
't jeitzt eng Clarinett an 't brommt eng schaddreg Baaß,
an d'Hämmel ginn derbei mat Bann a Flettschen un,
blenkeg zenne Plättlen an der Rei sin hannendrun, sin hannendrun.

An d'Kanner lossen hire Kaffe ston,
fir dene sche'nen Hämmel nozegon,
wo' d'Musek ass, de' spiilt so' lëschteg d'Gaaßen an,
fir bei all gro'ß Hèren an der Stadt hir Rond ze ma'n,
hir Rond ze ma'n.

## LA KERMESSE ou
## LA MARCHE DES BÉLIERS

C'est le dimanche de la kermesse et dans la rue matinale un violon nasille,
la clarinette criaille et un frêle basson grogne et frémit,

Et les béliers les accompagnent garnis de rubans et de guirlandes
de brillantes cymbales de cuivre suivent dans le cortège

Et les enfants laissent là leur petit déjeuner
pour suivre les beaux béliers
Là où est la musique, elle joue si joliment dans les ruelles
pour faire les hommages à la ronde
auprès des seigneurs de la ville.

## FUN FAIR or
## THE RAM'S MARCH

It's Fair Sunday and a violon twangs in the morning street,
there shrieks a clarinet and there grumbles a cracked bassoon,
and the rams parade alongside adorned with ribbons and garlands
shiny copper cymbals follow in the pageant

and the children desert their breakfast table
to follow the beautiful rams.
Where the music is, it plays so joyfully down the narrow streets
to call on all the important town people
on their way round.

## Le'wer Herrgottsblieschen.

## LE'WER HERRGOTTSBLIESCHEN

Den 2. Februar ginn d'Kanner liichten a sangen dobäi:

Léiwer Herrgottsblieschen
Gëtt ons Speck an Iebessen
é Pond, zwé Pond
Dat aanert Joër da git der gesond
losst déi jong Laït liewen
loost déi aal Laït stierwen
Komt der nit bal
d'Féiss gin ons kaal
Komt der nit geschwënn
d'Féiss gin ons dën
Komt dir net glaïch
Da gin mer op t'Schlaïch
Komt dir net gewëss
Da krit der eng Tut voll Nöss
(*vulgaire:* Da krit der eng ferm op d'Schnöss).

## CHANSONNETTE DE SAINT-BLAISE

(Fête de la Chandeleur)

Cher petit Blaise du Bon-Dieu
Donne-nous du lard et des pois
une livre, deux livres
L'année prochaine vous serez guéris
Laissez vivre les jeunes gens
Laissez mourir les vieilles gens
Si vous ne venez pas de sitôt
on va prendre froid aux pieds
Si vous ne venez pas rapidement
nos pieds s'useront
Si vous ne venez pas de suite
nous irons à la patinoire
Si vous n'arrivez pas pour sûr,
vous aurez un sachet de noix
(*version vulgaire:* vous aurez une bonne gifle).

## ST. BLASIUS-RIME

(sung on the eve of February 3; cf. Halloween round of children in the States on October 31)

Dear little Blasius, Saint of God
Give us some bacon and peas
one pound, two pounds
Next year you'll be all right again
Let the young people live
Let the old people die
If you won't come soon
we'll get cold feet
If you won't come quickly
our feet will get thin
If you won't come at once
we'll be off gliding on the ice
If you won't come for sure
you'll get a bag of nuts
(*vulgar version:* You'll get one in your gob).

Cher petit saint Blaise au bon Dieu
Donne-nous du lard et des pois,
Une livre ou bien deux,
L'an prochain vous est dû, ma foi.
Laissez les jeunes se réjouir,
Laissez les vieux mourir.

(traduction de Mathias Tresch)

# D'Lëtzeburger Land.

Allegro moderato.   Weis a Wirder vum Dicks.

# D'LËTZEBURGER LAND

Zu Lëtzeburg stong d'Sigfrids Schlass,
Do wor zu alen Zeiten d'We' vun enger weltberimter Rass,
vun alle Ritter demols d'Blé
Kuckt, hirer ve'er droen d'Kro'n
vum deitsche Reich um Késertro'n.
An d'Herz, dat kluxt iech schon als Kand
fir onst stolzt Lëtzeburger Land.

À Luxembourg se trouvait le château de Sigefroi
Là fut au temps de jadis le berceau d'une race réputée
De tous les chevaliers d'alors la fleur
Regardez, quatre d'entre eux portent la couronne
De la nation allemande au trône impérial.
Et votre cœur dès l'enfance déjà bat
pour le fier pays de Luxembourg.

In Luxembourg there stood Sigefroy's castle
here was in olden times the cradle of a reputed race
Of all the knights of those times the flower
Look, four of them wear the crown
Of the German nation on the imperial throne
And your heart that pounds, as a child
already, for your proud Luxembourger Land.

*Zu Lëtzeburg stong d'Sigfrids Schlass*

# Hemwe'.
(Weis „Home sweet home".)

# HEMWE'

Iwer mir net e Stierchen hält do uewe Wuecht
an no hem all mein Denken
an d'Broscht voll deischter Nuecht.
Wat ass dach d'Verlangren en de'wen
de'we Schmierz.
Ke Schlof me' fir d'Aen
Ke Fride me' fir d'Hierz.
Hem, hem, hem a mei Land,
mein Dram a mein Himmel
an d'Lëtzeburger Land.

## NOSTALGIE

Au-dessus de moi pas une seule étoile ne monte la garde
et vers ma patrie (montent) toutes mes pensées
Et ma poitrine pleine de nuit sombre.
Que cette nostalgie est donc une douleur profonde.
Plus de sommeil pour les yeux
plus de paix pour le cœur.
À rentrer dans mon pays,
mon rêve et mon ciel
au pays de Luxembourg.

## NOSTALGIA

Above me not one star mounts the guard
And home (go) all my thoughts,
my breast is full of dark night.
How deep a pain this longing for home really is.
No more sleep for my eyes
no more peace for my heart.
Home, home, home into my land,
my dream and my heaven,
my Luxembourger Land.

Pas la moindre étoile au ciel
Ne veille là-haut sur moi.
Vers mon pays va toute ma pensée,
Il fait nuit noire dans ma poitrine.
Ah, que le mal du pays
Est une cuisante douleur!
Point de réconfort pour les yeux,
Point de paix pour le cœur.
Retournons là-bas dans mon pays,
Mon rêve et mon ciel,
Mon pays de Luxembourg.

(traduction de Mathias Tresch)

ORIGINAL TEXT OF HOME SWEET HOME

by John Howard Payne and Sir Henry Bishop
(Arrgt. by Paul Hill)

Mid pleasures and palaces tho' we may roam
Be it ever so humble, there's no place like home.
A charm from the skies seems to hallow us there which, seek,
thru the world is ne'er met with elsewhere
Home sweet home, there's no place like home.

*Hemwe'*

## AN AMERIKA

Vu mengem Dueref gong ech hier,
dat frësch am Grenge leit,
dohannen iw'rem gro'ße Mier
so' weit vu mir, so' weit;
do stêt en aremt klinzecht Haus,
eng Benk virun der Dir,
do brêt eng Lann hir Blieder aus,
mëcht kille Schied dervir.
    We' hunn ech d'Hierz so' we'!
    Gëtt mir mein Dâch vu Stre'
    a mengem Duerf erëm,
    ech ginn iech alles drëm!

Vu menger Mamm fort gong ech hier;
de gudden Engel do,
mat hirem Hierz gêt iwer d'Mier
si iwerall mir no;
op onser Benk virun der Dir
hu mir so' oft gesieß,
a ko'm ons d'Liewen deischter vir,
mir hunn et do vergießß.
    We' hunn ech d'Hierz so' we'! etc.

Vu mengem Médche gong ech hier,
wat soll d'le'ft Kand wuel man?,
't fle't a Gedanken iwer d'Mier
a kukt an d'Welt eran.
Op onser Benk virun der Dir
go'f d'Zeit ons kémol lang,
d'Lann ganz elèng, de' wéß wuerfir
mir duer sin dréme gang.
    We' hun ech d'Hierz so' we'!

Vun hinnen zwé fort gong ech hier,
hunn ne'erges keng Ro';
an zënter zwëschen ons dat Mier,
ginn ech och net me' fro'.
Kënnt op der Benk virun der Dir
ech sëtzen eng Minutt
bei hinnen zwê, da wär et mir
op dëser Welt 'rëm gud!
    We' hunn ech d'Hierz so' we'! etc.

De mon village je suis venu,
qui se trouve dans la fraîche verdure
là-bas derrière le grand océan
si loin de moi, si loin;
Là se trouve une pauvre et minuscule maison,
Un banc devant la porte,
Là un tilleul étale son feuillage
et y répand son ombre fraîche.
    Comme j'ai le cœur serré,
    Rendez-moi mon toit de chaume
    dans mon village,
    Je paierai tout pour cela.

(m. t.)

From my village I came over here,
which lies deep in the country-green
over there beyond the big ocean
so far from me, so far;
There stands a poor and tiny house,
A bench before the door,
There a lime-tree spreads its leaves
and gives it a shadowy coolness.
    How deeply aches my heart,
    Give me back my cottage roof
    in my village,
    I'd give my life's blood for it.

(m. t.)

## EN AMÉRIQUE

Laissant là-bas, mon cher village,
Au fond du bois, si beau,
J'ai fait un jour le grand voyage
Par delà la grande eau.
Je vois une pauvre chaumière,
Un banc rustique devant;
Et l'ombre douce et familière,
D'un tilleul s'y répand.
    Ah, que j'ai le cœur gros,
    Rends-moi mon toit chéri
    Dans mon lointain hameau,
    Et je serai guéri!

Laissant là-bas sur le rivage
Ma mère, ange au cœur d'or,
Je vois toujours sa sainte image
Qui me poursuit encore.
Sur le banc de notre chaumière
Combien de fois assis,
J'ai, côte à côte avec ma mère,
Oublié tout souci.
    Ah, que j'ai le cœur gros, etc.

Et j'ai quitté ma fiancée
Que fait-elle à présent?
Elle me suit dans la pensée
Par delà l'océan.
Sur le banc de notre chaumière
Le temps ne me durait
Jamais. – Pourquoi? – L'ombre chère
Du tilleul seul le sait:
    Ah, que j'ai le cœur gros, etc.

En quittant ces choses si chères
J'ai perdu mon repos.
J'ai connu les larmes amères
Par delà la grande eau.
Si je pouvais rester une heure,
Sur notre banc assis,
Là-bas, devant notre demeure,
Adieu tous les soucis!
    Ah, que j'ai le cœur gros, etc.

(traduction libre de Mathias Tresch)

# An Amerika.

Edm. Lentz.

## D'PIERLE VUM DÂ

D'Pierle vum Dâ,
dât sin deng Diamanten,
d'Blummen um Feld,
de' sin dein Hochzeitsklêd,
an d'Nuechtegaillercher,
dât sin deng Musikanten,
an dein treit Hierz
aß meng Glëckse'lechkêt.

Les perles de la rosée
ce sont tes diamants,
les fleurs au champ
sont ta robe de mariée,
et les rossignols
ce sont tes musiciens,
et ton cœur fidèle
est mon bonheur,

Ce que je possède
je veux le partager avec toi.
Tu sais que mon cœur – depuis
longtemps déjà – t'appartient,
riche ou pauvre
rien ne me manquera
si tu me dis
t'es à moi pour toujours.

(m. t.)

Dât, wât ech hun,
dât well ech mat der dêlen,
du wêß, mein Hierz
aß zenter lang schon dêint;
op arem oder reich,
wât soll mer dann nach fêlen,
wanns du mer sês,
fir e'weg baß du mêint.

The pearls of dew
those are your diamonds,
the flowers in the fields
are your wedding-dress,
and the nightingales
are your musicians,
and your faithful heart
is my bliss.

What I call my own
I'm sharing it with you.
You know that my heart
has been yours for long,
whether rich or poor
what else should I miss
if you tell me
you're mine for ever.

(m. t.)

*Dât sin deng Diamanten*

## D'Pierle vum Dâ.

# MUTTERGOTTESLIDDCHEN

O Mamm, le'f Mamm do ueven,
ech hun dech enzeg gier;
dei Nuem aß mir gegruewen
an d'Hierz bis an de Kier.

O mère, chère mère dans les cieux
je t'aime d'un amour unique
ton nom m'est engravé
au plus profond de mon cœur

Dans toutes mes pensées
je suis un enfant de la vierge
qui dans le pays du Luxembourg
ne s'offrirait pas à elle?

(m. t.)

Ech sen, so' weit ech denken,
e Muttergotteskand;
wie' soll sech hir net schenken
am Lëtzeburger Land?

O mother, dear mother in heaven
I love you devotedly
your name is engraved
in the core of my heart

With all my thoughts
I am a child of our Lady
who – in the land of Luxembourg –
would not devote his life to her?

(m. t.)

# BIM – BAM – BIREN

D'Klacke lauden zu Schieren (Syren)
– Wi'en ass da gestu'erwen?
– De Pe'ter fun de Lu'eden.
– We'ne gött e begru'ewen?
– Zans em den Owend.
Wann de' Hénger schlofe gin,
Wann de' Hunnen fre'h opstinn,
Wann de' Villerche peifen,
Wann de' domm Könnercher kreischen.

Les cloches sonnent à Schieren (Syren).
– Qui donc est trépassé?
– Pierre (qui fait) des cercueils.
– Quand sera-t-il enterré?
– Aujourd'hui dans la soirée.
Quand les poules iront se coucher,
Quand les coqs se lèveront,
Quand les petits oiseaux chanteront,
Quand les enfants peu sages pleurnicheront.

Church-bells toll at Schieren (Syren).
– Who then died?
– Peter the undertaker!
– When will he be buried?
– Today late in the evening
When the hens are going to sleep,
When the cocks rise early,
When the little birds twitter,
When the silly children wail.

(m. t.)

## AN DER GRO'SSER HÉLGER NUECHT

An der gro'sser hélger Nuecht,
Halen dausend Engle Wuecht
Bei der Kröpp vum Jesuskand
Sangen him a Rén a Wand.
Gloria, Gloria in excelsis Deo!

An der gro'sser hélger Nuecht,
Hirden hun hirt Hêrz geluegt
Virun d'Könnchen an der We',
Dât do schle'ft op hardem Stre'.
Gloria, Gloria in excelsis Deo!

Par cette grande nuit sainte
mille anges veillent
près de la crèche de l'enfant Jésus
lui chantent par la pluie et le vent.
Gloria, Gloria, in excelsis Deo!

Par cette grande nuit sainte
des bergers ont offert leur cœur
à l'enfant dans le berceau
qui y dort sur la paille dure
Gloria, Gloria in excelsis Deo!

Par cette grande nuit sainte
un enfant nous apporta sa paix
et tendit ses mains pour bénir
le monde et sa souffrance.
Gloria, Gloria in excelsis Deo!

An der gro'sser hélger Nuecht,
Huet e Kand sei Fridde bruecht,
Huet zum Sénen d'Hänn gebrêt
Iwer d'Welt an all hirt Lêd.
Gloria, Gloria in excelsis Deo!

In this great holy night
a thousand angels mount the guard
at the crib of the child Jesus
and sing to him in rain and storm.
Gloria, Gloria in excelsis Deo!

In this great holy night
shepherds have offered their hearts
to the child in the cradle
who sleeps there on hard straw
Gloria, Gloria in excelsis Deo!

In this great holy night
a child brought his peace
spread out his hand to bless
the world and all its woe.
Gloria, Gloria in excelsis Deo!

# An der gro'sser hélger Nuecht

## ECH SIN E GROSZEN HÈXEMÊSCHTER

Ech sin e groszen Hèxemêschter,
Wèl, wan éch Hokes-Pokes so'n,
Sin all Gespènster, we all Gèschter,
Mîr ennerdo'n

Kemt èppes an e Stal geschlach,
A muorges sinn all Ke gestrach,
Hèllt séch anzwo èng Traûlicht op,
Sin d'Wîchtelcher an ènger Kichen,
A sètzen d'Kribènk nûoz op d'Kopp;
Da' kommen d'Leit méch sichen,
A kuck elei!
Den an'ren Dâch as alles an der Rei.

Ech sin e groszen Hèxemêschter, etc.

As do an dem ferwenschte' Schlass
Am Lîchtescheîn der Deiwel las;
Wesst giér en Eeman Beschêt,
Op d'Fra, wan s'op dem Biésem reiden,
No Koppelescht mat danze' gêt,
Wien hèlleft dan de Leiden?
Mè, heielei
Kên âneren, kên ân're we dén hei.

Ech sin e groszen Hèxemêschter, etc.

Je suis un maître en sorcellerie:
Quand mon hocus-pocus je crie,
Tous les esprits et revenants
Viennent à l'instant, viennent à l'instant.

S'en glisse-t-il dans une étable,
Les vaches sont elles à sec, que diable,
Se montrent-ils des farfadets
Dans une cuisine; un feu follet
Mettant tout sens dessus dessous:
C'est à moi qu'on recourt partout (bis)
Ah, et voilà! et voilà! et voilà!
Le lendemain, le lendemain, ils ne seront plus là.

Le diable, dans quelque tour maudite.
Au clair de lune tient-il visite
Nocturne; veut-on savoir, s'il est vrai
Qu'une femme, chevauchant le balai,
Est à Kopstal au rendez-vous,
Qui est-ce qui porte aux gens secours?
Mais me voilà! me voilà! me voilà!
C'est moi (bis) qui suis toujours là.

(traduction libre de Mathias Tresch)

I'm a great magician
for as I tell my hocus-pocus
all the ghosts and spirits
instantly comply, instantly comply.

Should there slip anything into the stable,
should the cows be milked in the morning,
is there to be seen a will-o'-the-wisp,
should there be goblins in a kitchen,
that turn everything upside down at night,
then people send for me,
and, o miracle, the next day,
everything is back to normal.

Does the devil in this cursed castle
play his tricks in the moonshine,
Should a husband like to know
if his wife went along dancing to Kopstal
when they ride the broom-sticks,
Who then assists the people?
But here I am, I am!
Nobody else but me is always present!

(m. t.)

# Ech sin e groszen Hèxemêschter aus «d'Mumm Se's»

*Ech sin e groszen Hèxemêschter*

# AUGUSTE LIESCH

né à Mondorf en 1874, fut juge pendant de longues années, ensuite Directeur des Douanes, mourut en 1949 par suite des conséquences de sa déportation sous le régime nazi.

Dans « Maus Ketti » il adapte la fable ésopienne du rat des champs et du rat de la ville aux décors luxembourgeois dans un délicieux chef-d'œuvre de critique sociale et d'humour raffiné.

Dans « Allerhand », une série de sketches comiques, il manie avec bonheur l'enjambement, les rimes drôles et les mots d'emprunt. Il dégonfle la solennité du comportement et du langage et dépouille ses textes de toute poésie grandiloquente pour mieux servir la vérité et la sincérité. Sa veine satirique perce le mieux dans ses parodies de Schiller « Der Taucher » et de Uhland « Des Sängers Fluch ».

born at Mondorf in 1874, a long-time judge then director of the Customs Administration, died in 1949 through the consequences of deportment under the Naziregime.

In "Maus Ketti" he adapts the Esopian fable of the country-mouse's visit to the town-mouse to Luxembourg decors in a delicious masterpiece of refined humour and social criticism.

In various sketches, called "Allerhand", he skilfully handles run-on lines, French borrowings, incongruous rimes. He demystifies solemn language and behaviour, he fights pathos and poetry to lay bare truth and sincerity. His satirical vein fully explodes in the parodies he wrote of "Der Taucher" by Schiller and of "Des Sängers Fluch" by Uhland.


## DEN TAUCHER

(Frei nom Friderech vu Schiller)

Dajé dir brav Jongen!
Wie wôt de Spronck?
Hei stét meng élzt Duechter,
S'ass net mé jonk,
An och net grad sche'n,
Mé se kritt duerfir
Vill Geld, a vill Sachen a Sëlvergeschier.
De' gölden Zalettchen hei
Fle't, nondikass!
An d'Uelzecht elo
Wo' s'am de'fsten ass,
An dé mer s'erembrengt,
Dé kann se behalen
A meng Duechter, onst Ketty,
Ass him zo' Gefalen.

So' rifft de Kinnek,
Zu gleicher Zeit
Hât hien d'Zalettchen
An d'Uelzecht geheit.
An d'Jongen de' stin do

## LE PLONGEUR

(Adaptation libre de la ballade de Schiller)

Alors, les braves gars
qui risque le saut?
Voici ma fille aînée
elle n'est plus jeune
et pas ce qu'on appelle une beauté
mais en compensation elle reçoit
beaucoup d'argent, de choses et d'argenterie
La coupe en or que voici
vole, par Jupiter,
dans l'Alzette sitôt
là où elle est le plus profond
et celui qui me la rapporte
il peut la garder
et ma fille, notre Catherine
est à sa disposition.

Voilà ce que crie le roi
En même temps
la coupe il a jeté
dans l'Alzette.
Et les gars se tiennent là

## THE DIVER

(Freely adapted from Schiller's ballad)

Now then, tough guys,
who risks the jump?
Here stands my eldest daughter
she isn't young any more
nor what you call beautiful
yet to make up for this she'll get
a lot of money, things and silverware

This golden bowl here
flies, to speak true
down there into the Alzette
where it is deepest
and he who brings it back
can keep it for himself
and my daughter, our Kate
will be at his bidding.

Thus speaks the king
and at the same time
the bowl he had
thrown into the Alzette.
And there stand the boys,

175

| | | |
|---|---|---|
| Niewent dem Kett:<br>De Jang an den Hari,<br>Den Nick an de Mett,<br>De Klos an den Tun,<br>De Frenz an de Frin<br>– Eso' lâng schon war d'Uelzecht<br>Gebotzt net me' gin. | à côté de (la) Catherine<br>Jean et Henri,<br>Nic et Mathias,<br>Colin et Antoine,<br>François et Frank<br>Depuis si longtemps déjà l'Alzette<br>n'avait plus été nettoyée. | next to Kate<br>John and Henry,<br>Nick and Matthew,<br>Colin and Antony,<br>Francis and Frank<br>For such a long time already<br>the Alzette had not been cleaned. |
| Se stinn do ze brucken,<br>An all hun se d'Flemm.<br>Ob émol du ko'm én, | Ils restent là à languir<br>Et tous ils ont la flemme.<br>Mais soudain voilà que quelqu'un avance | They stand there brooding<br>and all they are dejected.<br>But suddenly somebody approaches, |
| 'T war én aus der Schwemm.<br>An alles rifft „Hurrah",<br>An alles ass fro',<br>Hien denkt: „Dir domm Lo'dren,<br>Hâlt Mailer zo',<br>Ech wéss, wat ech mengen,<br>Ech flét him ob d'Kett,<br>Wann ech nëmmen d'gölden<br>Zalettchen hätt. . ." | c'est un type de la piscine<br>et tous de crier: Hourra<br>Et tous de se réjouir<br>Il pense, quels idiots vous êtes<br>Fermez la gueule<br>Je sais ce que je veux<br>Je me fous de sa Catherine<br>Si seulement j'avais cette<br>coupe en or. | ha was from the swimming pool<br>And all to cheer loudly<br>And all to rejoice<br>He thinks, you silly fools<br>close your traps<br>I know what I want<br>I spit on his Kate<br>If only I had<br>the golden bowl. |
| E spréngt och an d'Wâsser,<br>En deicht op de Fong,<br>Dat e'scht wat e brengt,<br>War en zrassege Schong.<br>So' bâl e konnt schwetzen,<br>Du sot en: „O freck,<br>Dat ass, menger werrech,<br>Do önnen en Dreck!<br>Et fönt é vun allem,<br>Mé net wat é sicht,<br>A kén Deiwel ka soen<br>No wat datt et richt." | Et le voilà qui se jette à l'eau<br>Il plonge jusqu'au fond<br>la première chose qu'il ramène<br>fut un soulier déchiré<br>aussitôt qu'il retrouve la parole<br>il dit, Merde alors,<br>Voilà qu'il y a ma foi<br>une vraie saleté là-bas<br>On y trouve de tout<br>mais pas ce qu'on cherche<br>Et le diable ne saurait vous dire<br>d'où vient cette puanteur. | Then he jumps right into the water<br>He dives to the very bottom<br>The first thing he brings to the surface<br>was a torn shoe.<br>As soon as he could speak<br>he said: O shit!<br>There is, upon my word<br>some muck down there<br>you find of everything<br>but what you look for<br>and no devil could tell you<br>where all the smells come from. |
| E stong do ze zabblen,<br>Well d'ware gewess<br>Eng Wochen er drei<br>No der Schuebermess. | Il était là à grelotter<br>Car à coup sûr ce fut<br>environ trois semaines<br>après la foraine. | He stood there shivering<br>For certainly it was<br>about some three weeks<br>after the Fun Fair. |
| De Kinnek dé rifft:<br>„Dann tommel dech dach!"<br>An d'Ketti sét och:<br>„Dir erkâlt iech nach." | Le roi qui crie<br>Mais remue-toi!<br>Et Catherine d'ajouter<br>Mais vous allez prendre froid. | The King he shouts:<br>But hurry up man!<br>And Kate too, she says<br>You'll catch a cold! |
| Fir d'zwét Ke'er deicht en,<br>Mé du gong et schief,<br>En ass an de Potschampen<br>Henke blief. – | Pour la deuxième fois il plonge<br>Mais cette fois-ci ç'a mal tourné<br>Il reste dans les pots de chambre<br>accroché . . . | For the second time he dives<br>but now things went wrong<br>In the chamber pots<br>he got stuck . . . |

*En ass an de Potschampen henke blief*

## MARCEL REULAND (1905-1956)

Professeur au Lycée de Garçons de Luxembourg. Ses œuvres reflètent une profonde musicalité et vibrent d'un lyrisme rêveur et contenu.

Teacher at the Lycée de Garçons in Luxembourg. His work shows high musical qualities and vibrates in a subdued and dreamy lyricism.

Recueil de vers/Collected verse: Gedichter (De Frenndeskrees, Luxembourg, 1957)

Théâtre/Drama:
d'Spill vun der Bidden,
Op der Kirmes,
E Summerdram,
Gudd Noperen.

## MËTTESSTONN

Eng Handvoll Haiser am Wisegronn
an e bloen Himmel voll Summersonn.

Den Hank aus rabbelt e Won op d'Gewan,
eng Fouer Hëtzt an e schléifregt Gespan.

Enzwousch an de Gaasse ramouert de Schmatt,
ma soss keen Toun, tëscht de Maure keen Tratt.

D'Hëtzt ziddert laanscht d'Haiser, keen Hun, dee kréit,
keen Hauch, deen en Hallem um Flouer béit.

An dobausse stinn d'Gaarwe, Kaascht u Kaascht,
op de Bauer ze waarden, e stolze Laascht.


## À L'HEURE DE MIDI

Une poignée de maisons au fond des prés
Et un ciel bleu plein du soleil de l'été.

Dans la côte, un chariot cahotant vers les champs,
une charretée de chaleur et un attelage somnolent.

Quelque part dans les rues, le forgeron qui bat,
mais pas d'autre son, parmi les murs aucun pas.

La chaleur vibre aux maisons, nul coq qui chante,
nul souffle qui courbe une tige sur la pente.

Et les gerbes, de meule en meule, au dehors
attendent le fermier, un lourd fardeau d'or.

(traduit par Robert Bruch)


## MID-DAY

A handful of houses in the vale of meadows
and a blue sky full of summer sunshine.

On the slope a cart rattles towards the fields
a loadful of heat and a drowsy team.

Somewhere in the small streets hammers the busy blacksmith,
But no other sound, no step between the walls.

The heat trembles along the houses, no cock a doodle-doo,
no breeze to bend a stalk in the field.

And in the open the sheaves on their stacks,
are waiting for the farmer, a golden load!

(m. t.)

# TIT SCHROEDER (1911-1986)

Professeur au Lycée de Garçons.

Théâtre/Drama: Besuch um Wudderhaff, 1961,
De Scheffe vum alen Mart, 1963,
d'Pöltches Famill, 1964.

Poésie/Poetry: Um haalwe Wee.

Par les moyens les plus directs Schroeder atteint à une maturité consommée et une profonde simplicité.

La mélancolie triste du paradis perdu de l'enfance inspire ses meilleures lignes et reflète toutes les aspirations et angoisses d'une âme d'artiste sensible.

English teacher at the Lycée de Garçons.

Schroeder achieves a reflective maturity and a natural depth by the most elliptical means.

The dreamy melancholy of the lost paradise of childhood haunts his best lines and mirrors the controlled anxiety and the relentless search of a deeply sensitive artistic temperament.

## SI KOMMEN A SI GIN...

De Kiewerléck am Gras
an d'Kanner an der Gaass
an d'Réi um Reez vum Bësch,
de Päipel an der Sonn –
si hun hir Zäit, hir Stonn.

Den Äisvull bei der Baach
an d'Blummen an der Laach
an d'Woulek iwrem Bësch –
si kommen a si gin,
't huet kee fir laang ze din.

*De Päipel an der Sonn*

## ILS VIENNENT ET ILS S'EN VONT…

Le hanneton dans l'herbe
et les enfants dans la ruelle
et les chevreuils à la lisière de la forêt
le papillon au soleil
ils ont leur temps, leur heure.

L'alcyon près du ruisseau
et les fleurs dans la vallée
et le nuage par-dessus la forêt
ils viennent et ils s'en vont –
personne ne s'attarde longuement.

(m. t.)

## THEY COME AND THEY GO…

The beetle in the grass
the children in the village street
the deer on the edge of the forest
and the butterfly in the sun
they have their time, their hour.

The kingfisher by the brook
and the flowers in the valley
and the cloud above the woods
they come and go
none is born to stay.

(m. t.)

*De Kiewerléck am Gras*

## LUKASEVANGELIUM, 2, 1-20: D'GEBUERT

Déi nämlecht Deeg awer koum en Uerder eraus vum Keeser Augustus, fir uechter d'ganzt Räich d'Leit ze zielen. 'T war fir d'éischt, datt sou eng Schätzéng koum, – déi Zäit, wou de Quirinus d'Prowënz vu Syrien ënner sech hat. All Mënsch goung sech opschreiwe loossen, jiddereen a séng Stat. Och de Jousef koum aus Galiläa, vun der Stat Nazareth erop, an d'Davidsstat, déi Bethlehem heescht. Hie war vum David sénger Familjen. Duer goung hien sech melle mat senger Braut, mam Maria, dat ewell an aneren Emstänn war. Nu sin awer déi Deeg, wéi s'op Bethlehem waren, grad an déi Zäit gefall, wou d'Maria sollt niddderkommen. Sou huet en säin éischte Jong op d'Welt bruecht. Et huet e gewéckelt an an eng Krëpp geluegt. Well de Wiirt hat keng Platz méi. Ma am selwechte Streech waren déi Nuecht Hiirden um Feld. Si hu gewaacht bei hirer Häärd. Hei stoung op eemol en Engel vun Eiser Herrgott vrun hinnen. Eiser Herrgott säi Liicht huet ëm se geschéngt, an't as eng freeschlech Angscht an se gefuer. Ma den Engel sot en: „Fäärt dach nët! Kuckt, hei bréngen ech iech eng grouss Freed, fir d'Leit alleguer: Haut as iech an der Davidsstat den Erléiser gebuer. 'T as Christus, den Här! An dat hei soll iech en Zeeche sin: Dir fant e Kand, 't as gewéckelt an't läit an enger Krëpp!" An eenzock war rondrëm eng Onmass Engelen aus dem Himmel. Déi hun dem Herrgott säi Luef gesongen: „Éier Eiser Herrgott am Himmel, a Fridd op der Welt fir all déi, di Eiser Herrgott gär huet!" Wéi d'Engelen dun erëm hannescht an den Himmel waren, du soten d'Hiirden een zum aner: „Da loost mer dach op Bethlehem kucke goën! Datt mer dat och gesinn, watt do geschitt as a watt Eiser Herrgott äis ze wëssen deet!" Si man sech hellewech dohin, an si fannen d'Maria, de Jousef an d'Kendchen an der Krëpp. A wéi s'et gesouchen, du woussten s'och: 't war alles wouer, watt hinnen iwwert et gesot war gin. An denen s'et verzielt hun, t koum keen sech zou. Ma d'Maria huet all Wuert am Häerz behal an driwwer nogeduecht. An d'Hiirde goungen héem, si hun Eiser Herrgott gelueft an héichgehuewen. Fir alles, watt se gesinn an héiren haten, grad wéi et hinne virdru gesot war gin.

(Alain Atten)

## L'ÉVANGILE SELON ST LUC 2, 1-20

Or, en ces jours-là parut un édit de César Auguste, ordonnant le recensement de toute la terre. Ce recensement, le premier, eut lieu pendant que Quirinius était gouverneur de Syrie. Et tous allaient se faire inscrire, chacun dans sa ville. Joseph lui aussi, quittant la ville de Nazareth, en Galilée, monta en Judée, à la ville de David, appelée Bethléem, – parce qu'il était de la maison et de la lignée de David, – afin de s'y faire inscrire avec Marie, sa fiancée, qui était enceinte. Or, pendant qu'ils étaient là, le temps où elle devait enfanter se trouva révolu. Elle mit au monde son fils premier-né, l'enveloppa de langes et le coucha dans une crèche, parce qu'il n'y avait pas de place pour eux à l'hôtellerie.

Il y avait dans la contrée des bergers qui vivaient aux champs et qui la nuit veillaient tour à tour à la garde de leur troupeau. L'Ange du Seigneur leur apparut et la gloire du Seigneur les enveloppa de sa clarté; et ils furent saisis d'une grande frayeur. Mais l'ange leur dit: Rassurez-vous, car voici que je vous annonce une grande joie, qui sera celle de tout le peuple: aujourd'hui, dans la cité de David, un Sauveur vous est né, qui est le Christ, Seigneur. Et ceci vous servira de signe: vous trouverez un nouveau-né enveloppé de langes et couché dans une crèche. Et soudain se joignit à l'ange une troupe nombreuse de l'armée céleste, qui louait Dieu, en disant: Gloire à Dieu au plus haut des cieux et paix sur la terre aux hommes qu'il aime!

Or, lorsque les anges les eurent quittés pour le ciel, les bergers se dirent entre eux: « Allons donc à Bethléem et voyons ce qui est arrivé et que le Seigneur nous a fait connaître. » Ils vinrent donc en hâte et trouvèrent Marie, Joseph et le nouveau-né couché dans la crèche. Et l'ayant vu, ils firent connaître ce qui leur avait été dit de cet enfant; et tous ceux qui les entendirent furent émerveillés de ce que leur racontaient les bergers. Quant à Marie, elle conservait avec soin tous ces souvenirs et les méditait en son cœur. Puis les bergers s'en retournèrent, glorifiant et louant Dieu pour tout ce qu'ils avaient vu et entendu, en accord avec ce qui leur avait été annoncé.

(La Bible de Jérusalem, Desclée de Brouwer, 1955)

## ST-LUKE'S GOSPEL 2, 1-20

It happened that a decree went out at this time from the emperor Augustus, enjoining that the whole world should be registered; this register was the first one made during the time when Cyrinus was governor of Syria. All must go and give in their names, each in his own city; and Joseph, being of David's clan and family, came up from the town of Nazareth, in Galilee, to David's city in Judaea, the city called Bethlehem, to give in his name there. With him was his espoused wife Mary, who was then in her pregnancy; and it was while they were still there that the time came for her delivery. She brought forth a son, her first-born, whom she wrapped in his swaddling-clothes, and laid in a manger, because there was no room for them in the inn.

In the same country there were shepherds awake in the fields, keeping night-watches over their flocks. And all at once an angel of the Lord came and stood by them, and the glory of the Lord shone about them, so that they were overcome with fear. But the angel said to them, Do not be afraid; behold, I bring you good news of a great rejoicing for the whole people. This day, in the city of David, a Saviour has been born for you, the Lord Christ himself. This is the sign by which you are to know him; you will find a child in swaddling-clothes, lying in a manger. Then, on a sudden, a multitude of the heavenly army appeared to them at the angel's side, giving praise to God, and saying, Glory to God in high heaven, and peace on earth to men that are God's friends.

When the angels had left them, and gone back into heaven, the shepherds said to one another, Come, let us make our way to Bethlehem, and see for ourselves this happening which God has made known to us. And so they went with all haste, and found Mary and Joseph there, with the child lying in the manger. On seeing him, they discovered the truth of what had been told them about this child. All those who heard it were full of amazement at the story which the shepherds told them; but Mary treasured up all these sayings, and reflected on them in her heart. And the shepherds went home giving praise and glory to God, at seeing and hearing that all was as it had been told them.

The Knox translation of the New Testament (ed. 1962, Burns and Oates, London)

# BIBLIOGRAPHIE / BOOKS OF REFERENCE

| | |
|---|---|
| KELLER R.E.: | German Dialects, Phonology and Morphology, Manchester University Press 1961 |
| RIES Nicolas: | Le peuple luxembourgeois, Essai de psychologie, Diekirch, Schroell 1930 |
| BRUCH Robert: | Luxemburger Grammatik in volkstümlichem Abriß (Précis populaire de grammaire luxembourgeoise), Bulletin linguistique et ethnologique, Fascicules 12/14, Luxembourg, Linden 1968<br>Grundlegung einer Geschichte des Luxemburgischen, Luxemburg, Linden 1953<br>Das Luxemburgische im Westfränkischen Kreis, Luxemburg, Linden 1954<br>Critères linguistiques de la nationalité luxembourgeoise, Bulletin de Documentation du Gouvernement Grand-Ducal 13 (1957) n° 1 |
| WELTER Nikolaus: | Mundartliche und hochdeutsche Dichtung in Luxemburg, St.-Paulus-Druckerei 1929<br>Das Luxemburgische und sein Schrifttum, Luxemburg 1947 |
| HOFFMANN Fernand: | Geschichte der Luxemburger Mundartdichtung<br>Band I, Bourg-Bourger 1964<br>Band II, Bourg-Bourger 1967<br>Das Luxemburgische im Unterricht, Courrier de l'Éducation Nationale A 7/69 (cahiers de l'Institut Pédagogique, juillet 1969)<br>Mëscheler, Luxembourg 1958 |
| HURY Carlo: | Luxemburgensia: Eine Bibliographie der Bibliographien, Luxembourg, Imprimerie St-Paul 1964 |
| RINNEN Henri: | Kleines deutsch-luxemburgisches Wörterbuch, 1974…, 1998 |
| Actioun Lëtzebuergesch/<br>Eis Sprooch: | Kommt mir léiere lëtzebuergesch, 1976…, 2001 |
| Lycée Michel-Rodange: | Portugisesch-Lëtzebuergeschen Dictionnaire, 1980, 2003 |
| Lycée Michel-Rodange: | English-Luxembourgish Dictionary 1982, 1995, 2003 |
| RINNEN Henri: | Dictionnaire français-luxembourgeois, 1985, 1996 |
| Centre de langues: | L wéi Lëtzebuergesch, 1992 |
| CHRISTOPHORY Jul: | A Short History of Literature in Luxembourgish, 1994 |
| NEWTON Gerald: | Luxembourg and Lëtzebuergesch – Language and Communication at the Crossroads of Europe, Oxford 1996 |
| | DA LASS, Leit a Sprooch, Ministère de l'Éducation nationale, 1998 (2 manuels et vidéo-cassettes) |
| DERRMANN-LOUTSCH Liette: | Deutsch-Luxemburgisches Wörterbuch, 2003 |
| LULLING Jérôme/<br>SCHANEN François: | Luxdico.com, Dictionnaire online, 2004 |
| | Règlement grand-ducal du 30 juillet 1999 portant réforme du système officiel d'orthographe luxembourgeoise<br>In: Mémorial A, n° 112 (1999, 11 août) p. 2040 |
| | Préface du « Luxemburger Wörterbuch », Luxembourg, Linden 1950<br>Eis Sprooch, bulletin de « Actioun Lëtzebuergesch »,<br>Boîte postale 98, Luxembourg |

| | |
|---|---|
| CHRISTOPHORY Jul: | Luxembourgeois, qui êtes-vous?, Éd. Binsfeld 1984 |
| DELCOURT Victor: | Luxemburgische Literaturgeschichte. Luxembourg, Éd. Saint-Paul 1992 |
| HOFFMANN Fernand: | Die drei Literaturen Luxemburgs, In: Mémorial 1989<br>Les Publications mosellanes 1989, pp. 467-518 |
| KIEFFER Rosemarie: | Littérature luxembourgeoise de langue française, Sherbroke (Canada) 1980 |
| WILHELM Frank: | Dictionnaire de la francophonie luxembourgeoise,<br>Institut für Romanistik der Universität Wien 1999 |
| | Bibliographie luxembourgeoise, Bibliothèque nationale (1944/45) ff. |
| MEINTZ Claude/<br>KREMER Marie-France: | Bibliographie courante de la littérature luxembourgeoise.<br>Centre national de littérature 1988 ff. |
| | Lëtzebuergesch-Quo vadis? – Actes du cycle de conférences du Projet Moien, Sproochenhaus Wëlwerwolz 2004 |
| | Lëtzebuergesch – Catalogue d'une exposition au Centre national de littérature, Mersch, octobre 2000 |
| | Lëtzebuergesch Texter fir 7$^e$ a 8$^e$, Ministère de l'Éducation nationale 1990 |

Appendice

## PRÉFACE DE 1973

*Ce petit manuel n'est pas destiné au savant linguiste, ethnologue ou historien. Il n'y découvrira rien qui n'ait déjà été mieux dit par les spécialistes de la langue luxembourgeoise.*

*Il s'adresse simplement à nos amis étrangers qui vivent parmi nous et nous font l'honneur de s'intéresser à notre langue et à notre peuple, par amitié ou par curiosité intellectuelle.*

*Depuis longtemps nos contacts avec les milieux anglophones et francophones de notre capitale nous ont convaincu de l'impérative nécessité de compiler une œuvre de vulgarisation – au meilleur sens du terme –, groupant sous une forme concise et digeste une information soit trop difficilement accessible, soit conçue dans une langue scientifique trop hermétique ou encore simplement inexistante. Malheureusement la plupart de nos ouvrages de base, comme ceux des éminents spécialistes, MM. Bruch, Hess et Hoffmann, sont écrits – à quelques exceptions près – en allemand. Il en est de même de la préface du Dictionnaire luxembourgeois. Or de plus en plus d'étrangers ne lisant pas l'allemand, veulent en savoir plus long sur les structures de notre dialecte, sur notre vocabulaire et notre littérature. Le présent ouvrage se propose de les familiariser avec un dialecte germanique qui les a peut-être frappés, embarrassés, intrigués même. Il veut les aider dans leur contact avec les gens de cette terre luxembourgeoise qui, par sa destination géographique et historique, est devenue un des carrefours de l'Europe, en leur donnant les informations de base indispensables à la compréhension du dialecte parlé par les Luxembourgeois, «Lëtzebuergesch».*

*Comme le bilinguisme accompagne les Luxembourgeois dès le berceau, nous allons tâcher en quelques lignes de remonter à travers l'histoire du pays et de sa langue à l'origine de cette situation spéciale, et de délimiter le rôle joué par le dialecte à côté de deux grandes langues européennes.*

*En décrivant les grandes particularités morphologiques et syntaxiques du dialecte, le lecteur français ou allemand pourra pour lui-même découvrir les affinités et divergences avec sa propre langue. Une telle confrontation ne manquera pas d'être riche en renseignements scientifiques, psychologiques et culturels. Et pourquoi un compatriote n'aborderait-il pas sa langue sous l'angle de l'étranger pour réfléchir sur ce qu'il dit et fait chaque jour automatiquement?*

*Sans recourir à un vocabulaire savant ce guide voudrait être un stimulant pour écouter mieux et peut-être approfondir le dialecte luxembourgeois. La partie grammaticale s'inspire dans sa structure et son choix des exemples du «Précis Populaire de Grammaire Luxembourgeoise», de Robert Bruch. (Luxemburger Grammatik in volkstümlichem Abriß). Il est en somme l'abrégé de cet ouvrage classique, fondamental, merveilleusement riche. Mais il évite toute l'austérité scientifique de cet ouvrage bilingue (français-allemand) pour esquisser dans les grandes lignes les caractéristiques fondamentales du luxembourgeois.*

*Pour rendre l'apprentissage du dialecte encore plus accessible, le présent ouvrage essaie de condenser en quelques paradigmes ou tableaux les structures grammaticales ou linguistiques (pour autant qu'elles existent).*

*Comme je voudrais surtout rendre service aux nombreux amis anglo-saxons qui ont pendant ces dernières années adopté notre pays comme leur terre d'élection, j'ai remplacé les explications allemandes de Robert Bruch par des commentaires anglais.*

*«Mir schwätze Lëtzebuergesch» est le compagnon théorique du Guide de conversation luxembourgeoise «Sot et op Lëtzebuergesch», publié en juin 1973 (Imprimerie St-Paul).*

*Cet abécédaire du luxembourgeois n'a pu être compilé que grâce à l'assistance compétente de mes «secrétaires» occasionnelles, Thelma Molière, Michelle Belche-Desjardins et ma femme Marielle que je voudrais remercier vivement pour leur dévouement. Un grand merci aussi à toutes les personnes qui ont encouragé ce travail par leurs suggestions, avant tout à Mlle Renée Hensel et à MM. John Phillips, Henri Rinnen et Léon Weyland.*

*Marcel Weyland crée encore une fois la bonne humeur en saisissant au vif l'esprit ou la lettre de telle expression pittoresque.*

*Puisse le résultat de ces efforts procurer au lecteur d'agréables moments d'étude et d'enrichissement.*

*Appendix*

## ORIGINAL 1973 PREFACE

*This small handbook has not been compiled for the scholar in linguistics, ethnology or history. It is not a scientific work. It simply sets out to help friends from abroad who live with us and who are kind enough to take an interest in our language and people. Its goal is to familiarize them with "Letzebuergesch" which may have puzzled or even bewildered them.*

*For some time already our contacts with the French- and English speaking milieus of our town have shown us the urgent necessity of compiling a work of vulgarisation – in the best meaning of the word –, grouping in a concise and digestible form the items of information which may either be difficult to find, or written in an esoteric language or even simply non-existent.*

*Unfortunately most of our basic reference-works by eminent specialists such as MM. Bruch, Hess and Hoffmann have been written in German.*

*The same holds good for the preface of the Luxemburgish Dictionary. More and more foreigners however, who are not conversant with the German language, would like to know more about the structure of our dialect, about our vocabulary and our literature. This work intends to give them the basic information necessary to understand Luxemburgish and to speak it in everyday life.*

*As the coexistence – or juxtaposition – of several languages is a typical phenomenon of our country, we trace this situation back to its historical origins and this will allow us to describe and define the role played by a dialect in daily contact with two great European languages, German and French. Through a summary description of the morphological and syntactical particularities of the dialect our German or French friends may be able to assess the affinities or divergencies with their own languages.*

*Our secret ambition and hope is even to induce some of our fellow-countrymen to give a first or second thought to the mechanisms of their own idiom and so to penetrate more deeply into the very heart and soul of it.*

*The general lay-out and organization of this handbook have been inspired by the classic and fundamental scholarly work about the Luxemburgish dialect written by the greatest linguist our country has ever had: Robert Bruch. His pioneering book was called: "Précis Populaire de Grammaire Luxembourgeoise ou Luxemburger Grammatik in volkstümlichem Abriß". Part II of the present work heavily leans on this scientific publication. It replaces the original bilingual French-Ger-*

man by English-French comments and gives each time the free German, French and English rendering of the illustrating sentences of the dialect. By means of some survey tables (paradigms) it tries to codify and systematize an essentially haphazard and fragmentary grammatical structure. For further details about Luxemburgish we refer the English-speaking specialist in linguistics to a highly instructive book: German Dialects, Phonology and Morphology by R.E. KELLER, Manchester University Press.

"Mir schwätze Lëtzebuergesch" is the theoretical companion and complement to "Sot et op Lëtzebuergesch" published in June 1973.

It could not have been compiled, however, without the competent technical assistance of my "part-time secretaries" Thelma Molière, Michelle Belche-Desjardins and my wife Marielle to whom I would like to express my deep gratitude.

Many thanks also to all the persons who took a friendly interest in this work and who made useful suggestions on parts of the material, above all to Miss Renée Hensel and Messrs. John Phillips, Henri Rinnen and Léon Weyland.

Once again Marcel Weyland's amusing sketches illuminate some picturesque sayings and create good humour.

It is hoped that the result of all these efforts will give the reader some pleasant hours of instruction and entertainment.

Également disponibles aux Éditions Paul Bauler:

**QUI A PEUR DU LUXEMBOURGEOIS?**
Jul Christophory

**PRÉCIS D'HISTOIRE DE LA LITTÉRATURE EN LANGUE LUXEMBOURGEOISE**
Jul Christophory

**KAMA SYWOR KAMANDA, CHANTRE DE LA MÉMOIRE ÉGYPTIENNE**
Isabelle Cata et Franck Nyalendo

**CONTES**
Kama Sywor Kamanda
Illustré